始於極限

書簡 限界から始まる

上野千鶴子×鈴木涼美

目錄

Letter 1

情色資本

女性無法接受
自己是「被害者」的態度，
是否會阻礙女權運動？

上野千鶴子老師：

這次通信的題目「始於極限」，是我和幻冬舍兩位相識已久的女編輯坐在會議室裡討論出來的。此刻寫出來一看，倒覺得非常適合，所以請允許我先簡單聊聊這個題目。

關鍵字「極限」出自您對我最近寄贈的那本書的評論。那本書叫《想變成可愛、狡猾又壞心眼的妹妹》（暫譯），您表示「能用這種書名，看來已經到極限了吧」。當時我恰好接到與您連載通信的邀約，便將這個說法作為標題，暗指立於極限的我，從自己所在之處審視事物。

極限，意味著前方無路的分界線、不容許更進一步的底線；忍耐的極限、體力的極限；認識極限、打破極限……如此聯想起來，我意識到自己這些年所生活的世界，都位於邊界之內，正如書名所呈現的那樣。而我今後應該擁抱的世界，則是在極限之外。既然要思考今後的世界將會是何種景象，那麼，站在「邊界」上似乎是個不錯的視角。我很慶幸自己在年齡與心境都應該與時俱進、變得更加成熟的時候，從您手中收到這樣一個絕妙的詞語。

湊巧的是，在我們開始通信的當下，新冠疫情似乎進一步顯示出世界和日本所面臨的問題。而剛好在我提筆寫信的這一週，日本政府宣布延長緊急事態宣言[1]。無論在經濟還是精神層面，許多人的焦慮都已經達到極限。生活出現前所未有的種種限制，肯定也有人被逼到了無法再忍耐的臨界點吧。在處於極限狀態下的社會環境與您交流，我感覺意義特別重大。

接著，是我個人面臨的最大極限……近日，我對自己長久以來鑽研的主題產生了種種困惑，更萌生了自我審視的念頭。而這也與第一輪通信的主題高度相關，因此，想先大致講述自己寫作的動機與背景，同時向讀者做個自我介紹，再談談我近來的一些困擾。

關於由我的碩士論文改編而成的《AV女優的社會學》（暫譯），其寫作動機非常簡單。用一句話概括，就是死命掙脫由「被害者」一詞所編織的牢籠，不以被害者的姿態為「傷害」定罪，是我要求自己背負的態度。

在我迄今為止的人生中，有很多「成為被害者」的機會，也確實從中受益。作為女性生活在日本社會，我在高中時期就進入了原味店[2]、援交等性商品化的世界，考上大學後還當過AV女優，後來進了一家典型的日本企業，一位女主管都沒有的那種（不過，據說我離職之後有了）。有幸得到寫作的機會時，我發覺手上有大量素材，讓我足以身為一名被害者來講述自己的故事，訴說我是如何苦於性剝削、落後封建時代下的企業文化、性別不平等的社會、習以為常的男性凝視，還被「活躍的女性」等口號牽著鼻子走，被迫穿上窄短的衣服與鞋子，任由某種價值觀的毒深入到骨髓裡。如果站在這樣的立場上發表觀點，也許多少能撫慰那些沒有機會發聲的沉默者的沮喪和傷痛。

1　日本的防疫政策，呼籲市民非緊急不外出，但不強制居家隔離，也不封鎖交通（本書註腳均為譯者與編者所寫）。
2　回收女學生內衣褲的商店。

但又覺得，我近距離觀察過的女性，以及作為當事人體驗過這些的自己，好像都要更堅強、更有趣一些，擁有了不至於單方面被男人的性慾所傷的智慧，而且也已經獲得可與之對抗的武器。在這樣的前提下，「被踐踏者」的標籤會讓我們變得無趣而庸俗，甚至有些礙事。一邊對被害者這樣的稱呼豎起中指，一邊與不公正和暴力鬥爭，這看似矛盾，但好像也是可行的。

《AV女優的社會學》分析了為什麼AV女優在外界看來有著過多的「主體性」。回過頭來看，當年寫得實在拙劣粗糙，值得反省。我在寫碩士論文時想要挑戰的，就是不製造假想敵，也不寫成「受害報告」，而是勾勒出剝削的結構和男女的共犯關係。長久以來，這個議題只在「被強迫還是自願的」框架下被討論，這讓我很不舒服，也覺得兩者都不貼切。因為只要觀察過第一線的情況就會發現，看似自願的她們會很自然地表現得過於「主動」，而看似被害者的她們，也會理所當然地過於強調「被強迫」。

我明白，要避免成為被害者，就需要付出腳踏實地的努力。從根本上為未來消除傷害，因此，曾經的被害者證詞才如此寶貴。但，說不定也有人會產生幼稚的叛逆心理，覺得我們的經歷不是為了給傷害作證才存在的；或者想要擺脫那種只要活著，就會成為被害者的狀態。我無論如何也說不出「造成傷害的是外部因素」這種話，因為關鍵在於男人和女人都愚蠢透頂，這是我十分強烈的實際感受。

我曾有幸在共同通信社為您的著作《戰爭與性暴力的比較史研究》（暫譯）撰寫書評。這本書的嘗試讓我歡欣雀躍，因為您解構了「純粹的被害者」這一框架，並且一針見血地指出，只有透過解構才能讓罪惡的真正所在現形出來。我至今仍認為，有機會閱讀上野千鶴子教授作品的這一代女性，應該多少擁有這份力量。

我也逐漸意識到，這項任務就像是在對那些懷著善意、撫慰我傷痛的人放冷箭，可能會影響到女性的團結，被拚命發聲的人貼上冷酷無情的標籤。但我依然相信，自己讀書學習不是為了成為一個被害者。都怪我的表達方式太拙劣，讓那些在我看來想要表達同樣意思的人產生了強烈反感，對我嗤之以鼻。我盛氣凌人地認為，如果能夠更清晰、更有趣地描繪出所謂加害者的軟弱和被害者的堅強，便能指出雙方的愚蠢，而不至於招來旁人的憐憫，這也是我一直以來的態度。相較之下，我還一度更加認同哈金的「情色資本」[3]概念，認為它有助於女性逃離被害者的身分，有可能成為讓我們更加複雜而強大的人。

但也許我錯得離譜。推特等社群媒體讓我有機會聽到眼界更廣、更年輕的女性聲音。在我看來，她們真正渴望的是被妥善賦予被害者之名。這些年，我一直嘗試擺脫無辜被害者的形象，甚至不惜暴露自己有多麼愚蠢。因此，看到人們重整旗鼓地反抗傳統的性別歧視，對我的衝擊很大。這樣一來，一直致力於褪下被害者外衣的我，確實妨礙了她們的運動，被討厭似乎也是理所當然。

*

前幾天，有幸與作家橘玲先生交流。因為我們的新書恰好在同一時期、由同一位責任編輯協助出版。當時，橘先生提議討論的話題正是哈金的情色資本。其實在與他交流的前一個月，便由《現代思想》雜誌牽了線，讓我有機會也與年紀相對接近的社會學家——貴戶理惠（關西學院大學）聊了我們這代人心中的女性主義。從某種意義上來講，女性的商品價值是被強行賦予，再被強行剝奪的，擁有與否也無關於本人意願。在這幾次的交流中，我談到了我們要如何看待這種價值，在它被剝奪後又該如何生活。尤其在與貴戶女士交流時，彼此熱烈討論了在價值被剝奪之後，是否可以用女性主義來支撐自己的人生。不過，我們沒有把討論擴大到將商品價值強加於人的社會基本結構，而是從當事者的角度探討現狀，思考擁有這樣一具身體的我，現在要如何生存下去。

身體的商品價值，很早之前就是我寫作的主題之一，在與橘先生交流的過程中，我也提及了哈金的情色資本理論。看到廣大讀者對這場交流的反應與批判，我發現大家的怒火並沒有指向現實情況。「那種價值根本就不存在！」「只有一小部分的女性（比如AV女優和陪酒小姐）被賦予了那樣的價值！」……抱有如此立場的讀者多得超乎想像，甚至有人留言說那不是情色「資本」，而是情色「負債」。這樣

3 凱瑟琳．哈金（Catherine Hakim），英國社會學家，提出情色資本的概念，即人們可透過外表和性吸引力來提高社經地位，並認為它是繼經濟資本、文化資本、社會資本後的第四種資本。

的觀點確實很有意思，我年輕的時候相當歡迎情色資本的概念，並將其視為對「傷害」的嶄新詮釋，沒想到放在今天，它竟傷了廣大女性的自尊心，這令我大為驚訝。當然，橘先生、貴戶女士和我都沒有資格主張情色是種應該被運用的資本。而現在我明白了，用「女性被賦予商品價值」來理解現狀，本就是不被容許的。

學生時代的我，讀過不少高夫曼[4]和上野老師您的作品，漸漸意識到被我們視作理所當然的舉止與態度，還有習以為常的廣告，都披著厚厚的一層性別外衣。在出生於八〇年代的我看來，這個發現非常有趣，讓我切身體悟到在前人的不懈努力下，「因性別不平等所造成的傷害被解構了」，我們從受迫的狀態，進化到了明知故犯的狀態，所以我們不是單純的歷史被害者，而是以複雜的方式，不斷重複受害與加害，同時堅強地活著。但也或許是我太沉浸於新發現的喜悅，而疏忽了批判根深蒂固的、更根本的「傷害」。

我帶著對自身的反思，觀察了二〇一九年氣勢洶洶的#KuToo運動[5]。就在幾天前，諧星岡村隆史的不當發言也引起了大規模的抗議。在我看來，今天學生們想要表達的不是「我們也很愚蠢」、「我們也很強大」或者「我們也占了便宜」之類的觀點，而是一種不畏懼被當成被害者的態度。

是接納被害者之名，還是不甘如此呢？怎麼做才能把一個更值得活的世界交給女孩們？說實話，我現在也很迷茫。對我來說，擺脫乏味的被害者標籤，在這場遊戲中急忙尋找出口，似乎會妨礙女性運動，造成二度傷害。但我也在職場、AV攝製、家庭與戀愛的第一線見證了許多女性，一邊頑強地對抗降臨到自己身上的困境，一邊享受這個過程的模樣。讓她們假裝可憐地講述自己的經歷，並不是我所參與的女性主義應有的姿態。

您身為日本首屈一指的權威，我堅信您在社會學領域開啟的討論是奠基之石，讓我們得以承前啟後，不做無辜的被害者，而是爭做賢者，解構強加給我們的一切，

---

4 厄文・高夫曼（Erving Goffman），美國社會學家，在代表作《日常生活中的自我呈現》中以戲劇表演的觀點來看待社會互動，社會規範、社會期待就如同劇本，登台演出的人們需要配合劇本扮演特定角色，隱藏不符合角色要求的自我。

5 日本職場女性抗議工作場合強制要求女性穿高跟鞋的運動。在日文中，kutoo 與鞋（kutsu）和痛苦（kutsuu）讀音接近。

並反過來將其當作武器。我們已經無法假裝毫無自覺，先人也開闢出了學習的方法，儘管這是一條佈滿荊棘的道路，但至少我觀察過的女性都沒有擺出被害者的姿態。我曾和小說家中村兔（她的年紀更接近我母親那一輩）探討過女性的美。她們那代人忙於消除好色大叔帶來的實際危害，而我們這代人能將好色大叔定義為可憐的被害者，這讓我感到時代似乎是在進步的，難道是我的錯覺嗎？是我們這種嘲諷的態度在為那群大叔續命嗎？

我每天都在「講述傷害」和「擺脫被害者身分」之間糾結。「我們也不是光挨打不還手」、「我們也幹過不少荒唐事」、「我們不也得到了好處嗎？」……這種態度是否會傷害到女性呢？不接受自己是被害者就無法相互理解嗎（我至今仍不願承認這點）？究其根本，我到底在抵抗什麼？為什麼會如此強烈地抗拒承認，自己受到了性別歧視的傷害？

2020年5月10日
鈴木涼美

不願被稱爲被害者的心態
叫「恐弱」。

鈴木涼美女士：

展信愉快。

鈴木涼美這位年輕的女性作家剛出道便引起了我的注意。當編輯提議以連載方式通信時，我都納悶她怎麼會知道我對妳感興趣。我並沒有反對，但猜想妳可能不太願意，因為我感覺我在妳心裡也許是個不好親近的人。

我為妳的出道作品《AV女優的社會學》寫過書評，也是從那時開始關注妳。讀完書後，我就有一種直覺：這本書沒把最重要的東西寫出來！果不其然。書問世後不久，鬣狗般的媒體就曝光了妳參演AV的過往。原來，這本書的雛形雖然是妳在東京大學北田曉大教授的指導下所撰寫的社會學碩士論文，全文採用旁觀者的立場，但妳自己其實也曾是當事人。

許多男性作家出於眼饞的好奇心，撰寫過各種關於AV女優和性工作者的紀實作品，但從沒見過當事女性發聲。莫非社會學領域終於出現了一位有AV從業經歷的女性？《AV女優的社會學》這個書名讓我燃起了希望，我還一度以為是AV女優的當事人研究。但這本書採用了微妙的局外人視角，讓人以為作者是有特權進入AV現場的女性寫手，而且還是一名擁有情色資本的女性，稍有不慎就可能越界成為AV女優。全篇透露出為自己開脫的態度，傳達出「這不是我」的訊息。妳也許是認為，學術論文必須站在旁觀者的立場吧。

專攻AV主題的女性寫手雨宮麻美，也是我很關注的一名女性。應她本人的邀請，我為其作品《彆扭女子》[6]（暫譯）的文庫版寫了導讀。她解釋道，她「一個女人居然」當起了AV寫手就是因為「太彆扭了」。她在學校處於金字塔底層，缺乏情色資本，而AV行業對演員外表的要求越來越高，所以她很清楚自己永遠都不可能越界成為演員（其實我見過她，而我並不這麼認為）。這樣的彆扭我還可以理解。她在書中的自我剖析只能用犀利來形容，但她自己並沒有演過AV。她只批評AV，卻沒有討論過AV女優本身。對她來說，正是「另一邊的人」這樣的立場，為

6 彆扭女子是指對自己的女性特質缺乏自信和認可，並為此糾結和煩惱的女性。

她創造了成為AV寫手的條件。

她的書裡沒有AV女優的當事人研究，也沒有陪酒小姐乃至援交少女的經驗之談。在援交掀起熱潮時，男人議論原味少女、援交少女的口吻讓人發自內心地厭惡。少女決定賣她們能賣的東西，這個選擇並不難理解。相較之下，願意出高價購買舊內褲的男性顧客才更令人費解，但男性在談論這些時從不會將目光投向同性。我期望這代曾經的原味少女、援交少女能產生新的表達方式，卻至今沒能如願以償。也許在漫畫和影視作品中已經出現，只是我不知道而已。

妳那本書的內容有一半符合我的期望，另一半卻讓人失望。其核心內容是AV女優講述的個人經歷，能引起諸多共鳴。但這種陳述遵循了AV的製作模式，具有工作性質，換句話說，那是從商品角度出發的。強調女性自願在性方面被客體化[7]，這些是性產業的陳腔濫調。因為女性的自願可以讓男性的性慾免於責任。

不僅如此，妳還敏銳地指出這行業暗藏成癮性的機制，逼得AV女優不斷嘗試越來越重口味的玩法。這是一種專業精神。她們告訴自己：「我可以做到這個地步！我能衝破更多壁壘！我能挑戰更高難度的技巧……」不願辜負拍攝團隊的期望而產生的凝聚力，也能激發專業精神。這種小環境之下的專業精神不僅體現在AV的拍攝現場，肯定也影響了納粹集中營的警衛和大屠殺一線的士兵。

妳勾勒出了這種專業精神的輪廓，這份敏銳著實令我驚嘆。不過與此同時，我也覺得妳巧妙迴避了核心問題。專業精神是不問職業的。無論是按摩師還是酒店陪酒小姐，都有專業精神。關注這種精神，便有可能繞過「AV女優究竟是怎樣的工作」這一核心問題。就好像對春宮畫的研究越是「高深」，就越是沉迷於對相關符號（如外表與衣著）的分析一樣。畫面呈現的明明是性事，但用那樣的方式來分析就可以對性避而不談了。

所以妳肯定也有很多事情沒說出口。

7　客體化：英國藝術評論家約翰．伯格（John Berger）在著作《觀看的方式》中，提到客體化產生於觀看與被觀看之間，而男性是觀看女性的主體，女性成為被觀看的客體，女性內化男性凝視的眼光，希望自己值得「被觀看」。

妳也許是個重情分的人，一直記得我為妳的第一本書寫過書評。後來妳每次出新書，都會寄一本給我。這些書描寫了陪酒小姐的私生活、對大叔群體的觀察……正是出於對妳的興趣，我每次收到書都會細細品讀。在這個過程中，我對妳的個人史也有了些許瞭解。比如妳從小衣食無憂，父母的教育程度很高。妳有一位聰慧的母親，但她已經不在人世。難得妳進了一家大公司，還是綜合職[8]，最終卻選擇離開……一個才華橫溢、時常挑戰社會認知的年輕女性要以自由寫作者的身分活下去，而且還是在保鮮期一過便棄之如敝屣的大眾媒體界，她究竟會如何生存下去呢？於是我又對妳產生了更多興趣。說我是「天下父母心」吧，好像也不太妥當。稱之為「阿姨心態」可能還更合適些。

話說三十多年前，我曾有幸與當年風靡一時的AV女優黑木香對談。令我感到榮幸的是，人們同時稱我為「社會學界的黑木香」！這個雅號是學界泰斗見田宗介老師取的。現在的讀者可能對黑木女士不太了解。要知道，在男人為《Hair Nude寫真集》瘋狂的時候，她出其不意地高舉手臂，露出了禁忌中的禁忌——腋毛。當時她還是橫濱國立大學的在校生，也是著名的高學歷AV女優。

話說回來，AV女優以談論「個人經歷」為賣點，也是黑木女士開的先鋒。她那雄辯的自我表達能力和用敬語織就的獨特措辭給人知性的印象。當然，她肯定很清楚這種經歷本身就是一種「商品」，在我們的對談中，她也自始至終保持著專業的口吻。我當時由衷希望這個聰慧的女人能夠毫髮無傷地活下去。

後來，我得知她與自己的製片人兼導演村西透發展成了情人關係，還在外景地不慎跌落，受了重傷，頓覺心頭一震。因為我以為，或者說我希望，她是一個夠精明、夠酷的女人，可以同時利用那個產業和導演。當發現她也是一個愚蠢的「愛得太深的女人」時，我不由得更為她心痛。自那時起，她再也沒有在媒體上露面，但直到今日，我仍然惦記她的下落。當然，我也不希望她成為媒體的話柄。

提議首次通信以「情色資本」為主題的人是我。因為我知道，妳曾經的工作靠的就是情色資本。

8　在日本企業裡往往分為綜合職、一般職。經理等管理階層人才即為綜合職，類似儲備幹部，一般職則是多指負責文書處理的職員，又以女性居多。

說實話，我對情色資本這個概念持批判的態度。據說它是社會學家凱薩琳．哈金參照「文化資本」和「社會資本」而創造出的概念，不過，我甚至認為它在社會學層面上根本站不住腳。因為「資本」本該是能帶來利益的東西，而且除了經濟資本，文化資本（學歷和執照）、社會資本（人脈）等無形的資本，也都是可以獲得並累積的，但情色資本不僅不能透過努力得到（有人說可以，但終究是有限度的），還無法積累，只會隨著年齡的增長而減少。

此外，其價值只能被單方面評估，而評估的標準完全掌握在評估者手中。換句話說，在資本的所有者對資本沒有控制權的狀態下稱其為「資本」，顯然是錯誤的。資本主義從根本上與私有產權有關，連情色資本的歸屬者（即女性），是否擁有其所有權都令人存疑，在這種情況下稱之為資本，不過是一種具有誤導性的隱喻罷了。這個概念只是對「年輕漂亮的女人更占便宜」這一通俗的社會常識，做了些學術層面的粉飾而已。

年輕漂亮成了大家口中的資本，但年輕漂亮真的能產生經濟價值嗎？確實，在

「外表的價值」成為社會學的研究對象後，有些調查結果表明，美女在經濟上更占優勢。選美比賽的獲勝者可能也有機會找到更好的工作和結婚對象，但情色資本的含義更加露骨，因為支付酬勞的性交易市場已經形成了。這樣一來，參與其中的女性還是擁有情色資本的「資本家」嗎？開什麼玩笑……在性產業中，仍然有巨大的經濟資本在發揮作用，女性只不過是「情色商品」罷了。那自由業的性工作者呢？做自雇者、做自己情色資本的所有者兼勞動者，就能自行決定如何處置這種資本了嗎？就可以像擁有高學歷、ＩＴ技術等文化資本的人一樣，向市場展示自己的能力嗎？正如妳自己所寫的，「被強行賦予，再被強行剝奪」、「擁有與否無關本人意願」，那麼，這東西就不能被稱為「資本」。

不過話說回來，為什麼在性產業中，性工作者的報酬遠高於女性勞動者的平均水準呢？人們常說，性工作要求身體接觸，很考驗熟練度，就跟按摩師一樣。還有人說性工作是近似於護理人員、心理諮商師的照護工作，說她們同樣具有專業精神，為自己從事的工作感到自豪……真的是這樣嗎？但為什麼性工作者的報酬跟按摩師、護理人員並不等價呢？這裡明明存在一個無法用「專業精神」解答的問題，偏偏許多評論家幾乎都繞過了這一點。

妳自己也在回顧過往時說過，妳透過拚「夜」績的短暫工作大賺了一筆，但考慮到後續要償還的債務（而且這筆債恐怕會與妳終身相伴），這筆交易或許並不公平。情色產業的經歷對女性餘生帶來的影響，似乎比我們想像得更加長遠。

這些「見不得光的工作」代價包含了「恥辱費」。AV女優和酒店小姐都無法將她們的工作經歷寫進履歷，在同行內跳槽則另當別論。如果家人也從事這一行，那還算好的，否則連家人都得隱瞞。援交少女最害怕的，莫過於被父母發現。而妳的過去被媒體曝光，妳原本應該不想公開，更不想告訴父母。偷偷做父母看不慣的事情……這種感覺確實「妙不可言」。我年輕時也是這樣，每次做出格的事，我都很清楚這些無聊的行為之所以能帶來美妙的體驗，正是因為父母的禁止。而這種禁止的魔法一旦失效，無聊的事情就會變回枯燥乏味的模樣。

恐怕男人是出於內疚，才甘願為性服務支付包括恥辱費在內的高昂費用。女性不敢宣揚「我年輕時在酒店陪酒賺了不少錢」，男性也同樣無法抬頭挺胸地說「我在酒店和色情按摩店砸了不少錢」。不，應該是不能再像以前那樣炫耀了。在風俗街和紅燈區還存在的時候，玩女人在某種程度上是財力的象徵，但如今他們已經不能公開談論這個話題。就連曾誇口「女人會跟在錢後面跑」的堀江A夢[9]，如今也只能誇耀自己可以用錢請到模特兒和空姐，參加IT大亨們的聯誼聚會，卻不能公開表示自己「花錢」與她們發生性關係（哪怕他確實幹過這種事）。

而著名諧星岡村隆史，偏偏在媒體節目上發表了這樣的言論。《日本夜未眠》（*All Night Nippon*）是一檔深夜廣播節目，在某種程度上算是非主流的場合，岡村身上又貼著「還沒結婚」的標籤，這些因素加在一起就成了不當言論的溫床。一名男性聽眾表示：「疫情害得我去不了風俗店，真難受。」當時岡村的回應是：「等疫情過去，有的是美女下海三個月狂撈一筆。」如妳所知，之後便有人發起了抗議的連署運動。

9　堀江貴文，日本著名企業家，因長得像哆啦A夢被稱為「堀江A夢」。少年得志後行事高調，宣揚金錢萬能，也曾經鬧出無數緋聞。

諧星的直覺一針見血。這番話對性產業做出了無比精闢的詮釋。它表明風俗業的顧客（即男性）非常清楚，風俗業是女性可以在短時間內大賺一筆的工作，同時也是女性不願意從事的工作，如果有其他選擇，她們就會轉身離開。問題是，「美女們」又要如何解釋履歷中那三個月的空白呢？只用待業二字搪塞過去，然後閉口不談嗎？

我想表達的事情非常簡單。對女性而言，性工作是一種經濟行為。如果得不到酬勞，她們絕不會從事性工作，這很容易理解。而男性是支付報酬的消費者，他們到底在買什麼？他們心底知道那是不該用錢買的東西，所以把這份愧疚轉嫁給了身為性對象的女性，不是嗎？而他們最有力的藉口就是「主導權」。

性產業，建立在經濟資本壓倒性的性別不對稱之上，除了極少數例外。性產業可以說是「屬於男人、由男人主導、為男人服務的市場」。在這種結構性的前提下，預期自己會得到報酬的女性紛紛進入這一市場。然而，知道這種酬勞有限時高價的高中女生（ＪＫ）也隨之跟進。讓她們瞭解到這一點的，正是輕浮地湊上去問「小妹妹，妳收多少錢」的可恥男人。是男性們單方面將情色資本強加給女性。這就是為什麼，致力於拯救夜晚在鬧區遊蕩的女孩之組織Colabo，策劃了一場名為「我們，被買了」的展覽。告訴女孩她們其實是「商品」的，恰恰就是男人。

我不否認在這樣的性產業中生存下來的女性非常強大、堅忍且富有魅力。也能夠理解她們為自己捨身工作而感到驕傲，同時對自己的專業技能頗具自信。我相信妳的情色產業朋友也都是極具吸引力的女性。然而，妳擁有從中脫離的選擇。

但妳的情色產業朋友呢？她們是隱藏自己的過往，試圖逐漸回歸一般上班族？還是無法從性產業的世界抽身，一邊感受自身的情色資本隨著年齡增長而減少，一邊以經營者或管理者的身分轉而剝削年輕女性？鈴木大介先生的小說《里奈的故事》（暫譯），便以寫實的筆觸描繪了地方城市性產業從業者的代間傳遞（比方說，陪酒小姐的女兒也當了陪酒小姐）。那是一個充滿貧窮、暴力和虐待的世界。

但也有像妳這樣的年輕女性，明明不受經濟條件所迫，卻出於好奇、叛逆、挑戰或自虐情結而進入了那樣的世界。妳們很清楚性產業的性別不對稱，還想反過來利用這一機制。男人當然會對這樣的女人感興趣，為什麼呢？因為「女性的能動性[10]」可以為他們免於責任，而且在充滿金錢和欲望的權力遊戲中，妳們也是更值得追逐的獵物。

妳也是社會學家，一定聽說過阿馬蒂亞．沈恩的能力取向理論（capability approach）。個人的可行能力不僅取決於擁有的資源多寡，也與機會的大小（選項的多少）有關。換句話說，因為別無選擇而從事性工作的女性，和擁有其他選項、隨時可以離開的女性，在可行能力上存在巨大的差異。可行能力強的女性將自己的職業說成是「出於自願的選擇」，以這份工作為榮並宣揚其專業精神，這是可以理解的。問題是，她們並不能代表全體的性工作者。

＊

我曾在某個網路媒體上，將「與不尊重自己的男人隨意發生性關係」，比作「把身體和靈魂扔進陰溝」，結果遭到以性工作者自居的女性抗議，說我職業歧視，說她們以自己的職業為傲。這話確實沒錯，可令我疑惑的是，只要虛心解讀這句話，就會意識到被比作「陰溝」的分明是男性。「妳當我們是陰溝啊！」——照理講，男人們這樣跟我抗議才說得通吧（笑）。

我年輕時也經歷過許多「把身體和靈魂扔進陰溝」的性事。儘管沒有得到報酬，但同樣互不尊重。正是這份後悔，促使我說出了那句話。性行為是一種棘手又麻煩的人類互動，極具侵略性，同時也是生殖行為。有些男性表示，性工作的報酬其實也包括「逃票費」。他們不必為生殖行為的後果負責，所以要用金錢補償。對男人來說，性產業就是一種藉助金錢的力量，繞過棘手又麻煩的人際關係手續、只滿足自身欲望的工具。「沒錯，你們就是陰溝。」——我是多麼希望說出這句話的啊。我就不繞圈子了，任何試圖用金錢、權力或暴力擺布女人的男人，都是不折不扣的陰溝。

10 一個人不被外力所影響而做出的行動，指個體擁有自由選擇的能力。

年過三十的妳，對這一代「更年輕聰慧的女性」發表了看法。妳說，她們真正渴望的是被妥善賦予被害者之名。我覺得把「被賦予」改成「自稱」會更準確些。而且希望大家不要誤會了，自稱被害者並不是軟弱的表現，反而是強大的證明。妳也說了，那是一種不畏懼當成被害者的態度。想像一下伊藤詩織女士說出「我是性暴力的被害者」，需要多大的勇氣便知一二。不願被稱為被害者、無法忍受自己是弱者，這種心態叫「恐弱」（weakness phobia）。這是菁英女性經常陷入的一種心態。和恐同一樣，恐弱也是因為自己身上有軟弱的部分，所以才特別激烈地進行審查和排斥，對軟弱表現出強烈的厭惡。厭惡慰安婦的右翼女性就有這種思維，她們不能忍受女人擺出被害者的姿態，覺得「我和她們不一樣，我不是弱者」……而對男人來說，沒有比這樣的女人更好對付的了。我很清楚這些心理層面的微妙之處，因為曾經的我就是一個厭女的「菁英女性」。

想必妳也知道，社會學領域有一個兩難的問題：結構還是主體？主體越具有能動性越是提倡自主和自我表現[11]，結構就越難被追究責任。在結構上處於劣勢的人，確實有可能在短期內反過來利用其劣勢，並從結構中獲利，但長遠來看，這將導致結構的複製。小笠原祐子女士的《OL們的反抗》（暫譯）對這一點做了淋漓盡致的闡述。主體也許能夠暫時超越結構，但不可否認的是，結構的壓力對主體有著壓倒性優勢。因此，在妳寫過書評的那本《戰爭與性暴力的比較史研究》中，我們試圖採取一種不否定主體能動性和多樣性、也不為結構性壓迫找藉口開脫的方法。

我認為，這一代人是有些犬儒主義[12]的（儘管我不確定這麼說是否貼切）。這恐怕是因為你們生在《男女雇用機會均等法》[13]以後的時代，內化了新自由主義，並且在九〇年代後期的性商品化浪潮中度過了青春期。和政治層面的犬儒主義一樣，這種犬儒主義不會產生任何效果。而參加過鮮花抗議[14]的那代人還很年輕，他們沒有經歷過九〇年代末攻擊女性主義的熱潮，也沒有被政治上的犬儒主義所汙染。遇到看不慣的事情，他們就會直接說出來。

11 在自我決定理論中，它認為個體是積極向上的，具有自我實現和自我成長的需求和內在動機。

12 指人們由於對社會上或某些具體方面的預期與其實際感受不符合，而產生了失望和不滿，但對此並不進行積極對抗，甚至會縱容的一種消極態度。

13 日本在一九八五年通過《男女雇用機會均等法》。然而，該法非但沒有實現男女雇用機會的平等，其要求企業提供產假和育兒假的條例反而加重了職場對女性的歧視與排擠。

14 以佩戴鮮花的方式抗議性暴力的社會運動，始於二〇一九年四月。

我能感覺到，這些晚輩在妳看來是何等耀眼。三十多歲的妳問出「怎麼做才能把一個更值得生活的世界交給女孩們」似乎是早了點，不過，妳要是在到達這個年紀之前生了孩子，這個問題必定會變得更加迫切——「怎麼做才能把一個更值得生活的世界交給孩子們」。儘管我沒有孩子，但到這個年紀也產生了類似的念頭，想把一個更美好的世界交到下一代手裡，而不是跟他們道歉說：「對不起啊，我們把世界搞成了這副樣子。」

妳在信中寫道，妳在近十年的情色產業學到了很多，其中，包括妳強烈感受到男女都愚蠢透頂這件事。人生中有些事是知道為好，有些卻是不知為妙。要是妳能多學到一些人的堅強與可愛，而不是愚蠢，那該有多好啊。

閱讀妳的文字時，我不由得想，如果妳說的是「我認識到了人的極限」，而不是「我認識到了人的愚蠢」，那該有多好。人人都有極限，但在達到極限之前，妳無法品嘗到它的滋味。唯有拚到極限的人，才能真正從骨子裡感受到它。聽到妳把成長最快的十年，把二十歲後的十年都用在了學習男女欲望的愚蠢上，我不禁悲從中來，興許也是慈悲心使然吧。

三十多歲的人們，失去了童年無所不能的感覺，會漸漸感受到能力與體力上的極限。與此同時，這也是長出「自立」的年紀。我們會捫心自問，在達到極限之前能做些什麼，明確區分自己做得到和做不到的。放棄做不到的，真誠、仔細、踏實地做那些做得到的……只有這樣，才能產生自信和信任，而自信與信任是可以逐步累積的。這與他人單方面肆意賦予或剝奪的情色資本大不相同。

都怪這次的主題是情色資本，害我寫了很多不說也罷的話。

*

其實，我想與妳深入探討的是另一件事。我讀過妳的隨筆，其中提到了妳和聰慧的母親之間的糾葛，這讓我對妳的母親，還有妳們的母女關係產生了興趣。而且據我推測，這恐怕是妳不願意、無法、也還沒有準備好去談論的領域。

我有時候會想，有一個女兒是什麼感覺？女兒是母親最激進的批判者，我很清楚這一點，因為我自己十幾歲時就是如此。一想到身邊有這樣一個殘酷的批判者，我心裡就發怵。而這份恐懼，正是我沒有選擇做母親的原因之一。

恕我大膽臆測，妳涉足性產業的理由之一，會不會是想成為母親無法理解的對象？想要讓她無法理解，得先讓自己無法理解自己。我猜妳可能也解釋不清楚，當年為什麼進入AV行業。硬要說的話，大概就是「因為母親討厭那一行」吧。

我從中感受到，擁有聰慧母親的女兒是多麼不幸。聰慧的母親會讓她的女兒窒息。聰慧，意味著「媽媽瞭解妳的全部」，於是孩子便失去了喘息的空間，暴露在沒有遮蔽的視野中，無路可逃、無處可躲。孩子長大成人，也就相當於「孩子的內心懷揣了父母所不瞭解的陰暗面」。

意識到聰慧母親的孩子是多麼不幸之後，我不由得感激自己的幸運，畢竟我有一位並不聰慧的母親。如果孩子對父母的渴求是一道終極的二選一——愛還是理解，曾經的我必定會回答：「媽媽，我想要的是理解而不是愛。」但後來我想通，也懂得感激她了。我沒有得到理解，卻得到了真誠耿直的愛，而我也意識到，渴望獲得理解是強人所難。我沒有渴望理解的理由，也沒有這個必要。對這樣的我而言，脫離母親的控制輕而易舉，因為她不理解我（儘管脫離耿直之愛也伴隨著另一種困難，特別是對兒子來說）。

常有母親對即將離巢的兒女說：「媽媽相信你。」但這不是理解。因為前面還有半句話——雖然我並不懂你。「雖然我搞不懂，但媽媽相信你，因為那是你想做的事。」這不是理解，而是信任。這種信任的基礎是愛，如此耿直的愛，正是父母能夠給予孩子最大的禮物。

妳的母親無疑是愛著女兒的。同時，她也想瞭解女兒。或許正因為如此，妳這個女兒才會選擇做母親無法理解的事，做她最厭惡的事。

妳在書中提到了母親說過的話。「我無法原諒妳，因為妳毫不在乎地傷害了我愛到骨子裡的女兒的身體和心靈。」多麼撕心裂肺的吶喊。

在與母親對決或和解之前，妳就永遠失去了她，也不知這算幸還是不幸。如果妳母親能活得再久一些……妳往後的人生會做出怎樣的選擇呢？妳會繼續長大成人，但妳母親的時間將永遠定格在原處。而妳在母親死後，卻仍要與她持續對話。

然而，失去母親的妳是自由的，因為妳沒有了對抗的座標。自由是一種令人暈眩的失重狀態。也許在三十歲出頭便喪母的妳，此刻就站在「極限」的邊緣，在沒有座標的情況下，該往何方邁出第一步呢？

於新冠之春的新綠中

上野千鶴子

以及，還是別叫我「老師」了。畢竟我從沒當過妳的老師。

Letter 2

母女

我進入情色產業的世界
與母女關係密不可分。

上野千鶴子女士：

感謝您上個月那封充滿愛意、真摯無比的回信。其實您是我指導老師的老師，所以我也當您是我的老師，不過，既然您在回信裡提了，那我就不用這個稱呼了。小熊英二老師、北田曉大老師、福田和也老師都直接指導過我，現在仔細回想起來，我卻從沒有機會與他們進行如此正式且長時間的一對一交流。他們的指點是那麼難能可貴，但我不曾想過從自身經歷和內心的糾葛出發，向他們傾吐煩惱與想法。唯一與我長期透過書信對話的，就是四年前離世的母親，所以我已經很久沒有正經寫信了。請允許我再次感謝您給予我這個寶貴的機會。

對我而言，正視您指出的厭女和恐弱傾向並不輕鬆。要不是這次通信創造了機會，我也許永遠不會有勇氣把它們發掘出來。回想起來，我母親也總是透過對話，挖出我心中不想被觸及的部分，並且毫不猶豫地把它們攤在我眼前。在閱讀您的回信時，我有一種微妙的驚嚇感，因為您指出了母親直到生命最後一刻都在擔心的許多事情。

願意承認愚蠢，但不坦承受害；不當新聞記者，改行當作家；自以為在利用自己身體對男人而言所代表的價值……這些事都令母親憂心。直到母親去世，我才切身感受到她的憂慮和恐懼有多深，因為我一次又一次以自己不情願的方式被人們消費。

這次的主題是「母女關係」，所以我想結合您在回信中指出的問題，聊聊母親與我的種種。只是不知為何，寫我們母女之間的事總是很費力，我很害怕自己會詞不達意。

我的母親是一個感性的人，但她說話很有邏輯。她從不放棄在語言上與人達成理解，也從不顧忌言語上的衝突，所以在與她面對面而坐的餐桌上，經常演變成白熱化的辯論現場。小時候的我很討厭這種感覺，長大後回想，才意識到自己有幸生長在得天獨厚的環境——母親總是用自己的話語與我碰撞，並希望我用同樣的方式回應，而不是單方面地告訴我「我說不行就是不行」，或者「老師說不行就是不行」。然而年幼時，不允許沉默、時時被迫解釋自身想法的環境，反而讓我覺得自己除了語言之外沒有自由。

不過到了升上國中的年紀，我就注意到看似合理的母親身上存在著矛盾。母親出生於一九五〇年，與您差不多同輩。她的事業與成就當然遠不及您，但她在經濟條件和教育條件都很優渥的環境中長大。大學畢業後，她在BBC做過一段時間的口譯員，後來又在資生堂的行銷部負責公關雜誌的編輯工作。就在那時，我出生了，而我父親還只是個兼任講師。所以那段時間，我們家一直處於「女主外男主內」的狀態，父親的時間比較自由，孩子基本都是他在帶，母親則成了家庭的主要經濟來源。這也不算什麼稀罕的事，不過在當時的鄉下天主教小學裡，我們家的情況還是比較特殊。

母親平日發表的言論與看法，顯然帶有自由主義的色彩，非常華麗體面，但我感覺在那種環境下，母親似乎有點看不起她周圍的家庭主婦。儘管沒有具體說過輕蔑的話，但她至少會把在家長會上遇到的家庭主婦稱為「那群媽媽」，好像認為「那群媽媽」和她是不一樣的女性。在討論時，母親把自己和她們都歸入「女性」的範疇，而在私生活中，卻把她們當作完全不同於自己的生物來對待，這其實有點狡猾。在父親成為全職講師後的一段時間裡，她也專心撫養孩子，順便做些零碎的筆譯工作，但她肯定沒把自己當成家庭主婦。她很抗拒「太太」這個詞[1]，但我不認為她是覺得這個詞本身有歧視女性的含義。她恐怕是認為，太太等於「那群媽媽」專用的稱呼，不應該用在她身上。她嘴上否定一切歧視，但我覺得她有一種根深蒂固的歧視情結，亟欲與「那群媽媽」劃清界限。

比起家庭主婦，她更厭惡那些用「女人味」做生意的人。她習慣用言語解釋一切，但碰上妓女和陪酒小姐，她就完全放棄邏輯，全盤否定。此外，她對女性行業（好比空姐和公司前檯接待）也有本質上相似的厭惡，儘管不及對陪酒小姐的厭惡程度。

她也意識到自己對性工作者和陪酒小姐的排斥，超越了邏輯可以解釋的地步，並且將其歸因於「自己成長在一個從事服務業的家庭」，但我認為這個解釋不夠充分。她的母親（也就是我的外婆）是日式酒家的養女，後來嫁進了我外公家開的日式旅館。因此在母親看來，她的奶奶、外婆和母親都是在酒席上招呼男性賓客的陪酒小姐。我的外公另起爐灶成功創業，而且非常重視教育，所以母親和她的弟弟們有幸接受了良好的教育，但母親經常自嘲說，她的娘家是沒有書香味的生意人，她的祖母和母親成天跟醉醺醺的客人打交道。

總結來說，她強烈排斥賣弄女人味，但與此同時，她也有略顯異常的外表至上主義傾向。化妝品和衣服的數量就不用說了，當上大學老師之後，她甚至會花上一個星期反覆重拍用於講師資料的照片，顯得特別執拗。而她這種執拗，不是單純對服飾或美的熱愛，顯然是執著於「持續做男性慾想的對象」。如果得不到「美女」、「看起來好年輕」的誇獎，不被男人所慾想，她寧可不出去拋頭露面。

我讀小學六年級時，一家人住在英國，當時母親重讀了研究所，成了一名兒童文學專家。但兒童文學協會和研究室裡很少有打扮高調的人，多數人都比較樸素，不關心自己是否性感。而母親很不想被人拿來和那些「不起眼的學者」相提並論。九〇年代的美劇對女性主義者抱有刻板印象，總把她們描繪得胖如鬥牛犬，而且對男人深惡痛絕、脾氣暴躁。我記得，母親就經常嘲笑她在兒童文學學術會議上遇到的女

1 太太的日語「奥さん」的字面意思是「裡面的那位」，反映了傳統男女性別分工的刻板印象。

性，並把對男性毫無吸引力的她們比作這類角色。我卻覺得電視劇裡刻板的角色更有一致性，母親反而充滿矛盾和扭曲。簡言之，她似乎把「做一個吸引男性的女人」看得比什麼都有價值，卻發自內心瞧不起那些公然將之兌換成金錢的女人。

因此，正如您精準指出的那樣，我進入將性商品化的性產業，確實與母親厭惡、拒絕理解那個世界有關。我曾在一篇隨筆中寫道，母親親口說過這樣一句話：「我寧可妳涉及暴力或詐騙，而不是當一個妓女，那樣我還能夠支持妳。」哪怕在《日經新聞》工作時，我也會抽空去酒店陪酒，離職後又找了一家俱樂部上班。我離開這一行是在二〇一六年，也就是母親去世的那一年。一方面是因為忙於照顧她，之後又要處理後事，另一方面則是出於「好歹在母親最後的日子聽她的話」那樣的念頭。但事實是，她一走，情色產業對我的吸引力和我置身於夜生活世界的意義都立刻消了大半。

我不知道「想跳出母親的理解範圍」這個想法占了多大的比重，也不清楚「我想要理解母親最強烈否定、拒絕理解、不想用邏輯解釋的東西」又占了多大的比重。

但我確實厭惡母親的心態，她絕對意識到了男性的凝視，卻從不實際交易。她希望被星探相中，但肯定不會答應。她明明渴望成為價格昂貴的商品，卻鄙視那些實際出賣自己的女人，這讓我很不舒服，所以我徹底賣掉了自己。這固然有些魯莽，但也是為了排解這種不舒服的感覺。

而母親直到最後，都拒絕理解我的行為。表面上，我以為我想被理解，她的不理解讓我很痛苦，但實際上，我也許並不希望她理解我。母親還說過，我可能是「在成長過程中太過順利得到了父母的愛與理解，所以想考驗它有多麼堅若磐石」。在某種程度上，我確實是想透過從事他們最討厭、最不可能理解的事情，來摸清父母的愛和理解的極限。現在回想起來，對母親而言，「超越言語的東西」在於愛和對妓女的厭惡。因此，考驗絕對的愛和成為妓女，這兩件事在我心裡確實與母女關係密不可分。

母親全力以赴地愛著我，與此同時，我也一直是她研究的對象。本來母親研究的就是繪本能向孩子展示一個怎麼樣的世界，以及如何與孩子產生連結，而我就是她唯一的真實樣本。她從不迴避言語層面的相互理解，這種性格促使她一直追著我跑，試圖去理解我。我從小過得很自由，大人從不強迫我學習或工作，也不要求我打扮成他們喜歡的樣子。但這種自由也讓我毛骨悚然，彷彿母親在拿我做實驗，並饒有興致地觀察實驗結果。在與母親交談時，我總覺得自己說的每句話，對她來說都有既視感，是她能講出名字的現象，了無新意。我覺得母親熱衷於育兒的原因之一，就是為了驗證自己的研究。

一提起母親，我的文字就會變得渙散，沒完沒了。儘管她已經不在了，我也自由了，但對於母親的若干疑問還如同亡魂般糾纏著我，其中大概有三個與我目前的問題直接相關。

我在上一封信裡寫道，我十分抗拒以被害者的身分發聲、講述自己所遭受的「傷害」。而您引導我說，自稱被害者才是強大的證明。我格外抗拒作為被害者發聲的理由之一，確實是無法容忍自己是弱者。

其實我非常內疚，因為我進入了一個被母親定義為「不像話、不美、愚蠢和骯髒」的世界，以致於我不禁認為，就算我為此遭受辱罵和性暴力，那也是咎由自取。不過，我不確定這和恐弱是不是同一件事。我零星記錄了與母親的對話，其中就有這樣一段：進入情色產業，為了一點小錢將身體交給男人，就意味著放棄「當你因此受傷時，說自己受傷了」的權利。

您在上個月的回信中，提到了記者伊藤詩織。我發自內心地尊敬她，但我無法像她那樣表達。我只能透過咒罵、嘲笑自己的愚蠢，吞下我遭受的性暴力和辱罵，恐怕無數與暴力咫尺之遙的情色產業女性工作者都是這樣。我也意識到，這種很接近二度傷害、自我負責論等觀點的發言，都會令被害者再次受到傷害。需要明講的是，我無意指摘受害女性的行為愚蠢。但事關自己時，我從未擺脫「自身無權成為被害者」的想法。因為在畏懼批評與沮喪之前，我早已對自己說盡了會造成二度傷害的妄言，根本無須他人發話。我有某一種意識：在進入深愛自己的母親所否定的世界時，我就已經扛下了今後可能發生的所有傷害。比方說，我透過拍AV獲取了報酬，但也因此失去了反對男性剝削的資格。

我不曾把這種態度強加於人，但正如您在上個月回信中寫的那樣，「無法忍受自己是弱者的女人」對男人而言是多麼好對付，考慮到這點，便無法忽視我這樣的人有可能促進剝削結構的持續複製，而這也是我最大的煩惱之一。在已經失去母親的當下，是否還有可能堅強一些，堅強到能在某種程度上原諒自己的愚蠢，稱呼自己為被害者呢？講述我的愚蠢，又是否會傷害到其他被害者呢？

*

還有一個與此息息相關的問題。當我離開報社，成為一名自由寫作者時，母親十分擔憂我毫不在乎自己如何被消費。看到週刊曝光我的過去，我自然是不情願的，但這就是我的過往，所以沒有立場提出抗議。當然，既然被揭露出前AV女優的經歷，那只要我繼續拋頭露面，發表文章，必然會有人不斷地以我不情願的方式消費我。我認為，這種不快本身是每個人或多或少都需要面對的。演過AV是不爭的事實，也沒有權利拒絕別人把我當作「前AV女優」。參加活動、上電視的時候，主辦方和節目組會對我提出特殊的服裝要求。週刊等媒體也會提議，把當年的AV照片放在簡介的顯眼之處，而不是近照。這些要求我都會接受。一方面是擔心自己的實力比不過這段經歷，一方面是害怕一旦拒絕就會被拋棄。還有另一層原因，我總覺得被這樣對待，是成為AV女優或陪酒小姐的必然代價，它本來就包含在報酬之中。正是出於這種觀念，我才反覆在文章裡強調：AV女優的片酬究竟是針對什麼而支付的？恐怕不僅僅是她們在片場實際投入的勞動和時間，也正是因為如此，主張「性工作是一種工作」的說法總讓我覺得不太對勁。

偶爾我也會感到疲憊，不知道要承受這樣的對待到什麼時候。畢竟這本身不是什麼值得驕傲或悲觀的事情。但我最近一直在想，母親的憂慮可能有更深一層的含義。好比上一期的主題「情色資本」，我接受所有對於用詞不當的批評，因為自己確實在那次對談的最終稿裡使用了情色資本，但我原本在對談中用的不是這個詞。我在所有書中都是使用「性的商品化」、「身體的商品價值」這樣的說法，因為習慣了這種表達方式，也覺得它們比較貼切。整理對談稿件的人聯繫我說，因為我們是從哈金的書聊起，所以他們決定把我使用的那些說法和橘先生使用的外來語erotic capital，統一成「情色資本」。我沒有那麼抗拒，未經深思熟慮就同意了。對方給出的理由是我們提到了哈金的書，但我後來意識到，他們大概更看重在標題裡加上「情色」二字，再配上我的照片。

在您點明之前，我沒有思忖過「情色資本」一詞的不準確性，所以這件事確實是我考慮不周。最後的結果是，那篇報導除了傷害部分女性的自尊心、取悅了廣大男性讀者之外，並沒有太大的意義。我早已見慣媒體拿我的照片，配上帶有「情色」二字的標題，所以不覺得這有什麼，但是從結局來看，我承受的這種消費確實傳播了讓女性不適的言辭，也為此感到後悔。

我知道自己的部分作品常被用來為男性開脫。不僅如此，還清楚認識到有些文章會被用來當作攻擊女性主義者的武器。也因此，我經常被一些在網路上匿名的女性主義者所抨擊。這不是我的本意。要知道，那些男人只會大致瀏覽我的文章，斷章取義在所難免。其實我最近很少寫關於女性議題的文章了，因為總覺得與其讓保守的男人利用我的文字攻擊女性，還不如乾脆不寫算了。這幾天我一直在想，母親所憂慮的，也許是我不在乎自己作為「拚夜績女」被消費的態度，會像這樣受人利用，進一步傷害到其他女性，而不是我自己的尊嚴。

可是那樣也太不自由了。我寫過很多針對男性的壞話，但成為作家的初衷是想書寫女人的故事。因為見過太多男人的糟糕之處，有時回過神來，也能看到自己的愚蠢。而且我也與許多人一樣，看見了女性內心的種種矛盾。母親的矛盾、我的矛盾、那些為愛癡狂的朋友的矛盾。女人的愚蠢都是我的主題，也是我立志寫作的根源。不為取悅男人而寫，但也不願意為了不取悅男人而選擇不寫。我不希望自己因為「會取悅到男人」而被剝奪說話的權利。

我承認自己的實力遠遠不夠，儘管如此，依然收到了許多讀者的來信，它們出自心懷矛盾、被矛盾所傷、又享受著矛盾的女性之手。我不願無視與我感同身受的女性。我知道，如果在寫作時充分考慮各方面，本意就不至於被誤用；如果我寫的東西足夠精煉，也可以避免男人的肆意曲解。我可以忍受他人將利刃對準自己，卻不願意看到我的文字被改造成指向他人的鋒利武器。如何避免這種情況，是我的另一大煩惱。有沒有辦法只寫關於自己的事，同時又能避免一切取悅男人的可能性呢？

您在回信中提到，「扔進陰溝」的言論遭到了部分性工作者抗議。其實在那篇採訪剛發表的時候，我就聽說了這件事。我也很好奇男人為何會毫無自覺，而性工作者又為什麼會如此自我意識過剩。當時，我剛好在幻冬舍的網站上有個隨筆專欄，就在連載中提了幾句。據我猜測，男人是完全沒有意識到自己是陰溝，而性工作者又隱約察覺到自己把身心扔進了陰溝，所以才會那麼氣憤。毫無自覺到極點的男人，察覺不到自己有可能被瞧不起，卻會節錄那些看似可以用來攻擊女性的話語，確實非常取巧（反之，女性非常清楚她們可能會被蔑視，所以對細微的表達也極為敏感）。

母親還留下了另一個難題。那就是自從涉足情色產業之後，我再也沒有真正好好地面對過戀愛。然而在她看來，戀愛是人世間最重要的事情之一。不過，再往下寫篇幅就太長了。剛好下次的主題是性愛，到時候再與您細說吧。

2020年6月10日
鈴木涼美

我不禁想像：
如果我有一個
像妳一樣聰慧的女兒，
會是怎樣一幅景象。

鈴木涼美女士：

感謝妳坦率而誠實的來信。

這次的主題是母女。看完妳的回信，我沉痛地感覺到，人無法選擇自己出生長大的環境。妳母親的人生態度一定對妳的選擇產生了巨大的影響，無論好壞。如果她不是這樣的一個人，妳或許就不會選擇這條路了。與此同時，也再次感受到自己何等幸運，因為我沒有如此有智慧而強大的母親，不至於受到這麼深遠的影響。不過細細想來，我那位對女兒缺乏理解的母親所留下的「遺產」，導致了我選擇不結婚生子。如此看來，母親的影響還是在某種程度上左右了我的人生。

妳的母親「從不放棄在言語上與人達成理解」，而且妳們母女長期透過書信對話，這著實教人羨慕，也非常罕見。母親去世後，我在她留下的某個盒子裡發現了我從世界各地寄回的明信片。她都小心翼翼收著，沒有扔掉，儘管明信片上的話不過是些敷衍的噓寒問暖罷了。我與母親自始至終都沒有進行過觸及各自人生態度核心的對話。相較之下，要求妳「將心中所想全部轉化為語言」的環境確實是一種控制，不過與此同時，應該也得到了鍛煉。身為作家，妳此刻擁有的語言能力不僅是這些年的經歷構築起來的，更是在家庭環境中培養出來的天賦。在這次來信中，妳的語言能力也發揮得淋漓盡致。

「母親和女兒」之間的關係不僅受到母親能力的影響，也與女兒自身的能力有關。在許多被母親用巨大的愛與智慧牢牢捆住的女兒之中，肯定有人無法獲得自我意識，甚至走上自我毀滅的道路。妳卻有足夠的力量，精準攻擊母親的弱點。

讀到妳對母親的描述時，我不禁想像：如果我有一個像妳一樣聰慧的女兒，會是怎樣一幅景象。如果有一個與自己無比親近的女兒，假設她會毫不留情地剜起我的矛盾、我的模棱兩可，以及我的局限與狡猾……她又會如何形容我呢？

最能犀利看穿母親「看似合理實則矛盾」的是女兒，被這些矛盾所捉弄的也是女兒。最近，我接受某育兒雜誌的採訪，主題是我的成長經歷。在訪問的最後，採訪者拋出一個終極問題：「對妳來說，父母是什麼？」而我竟然條件反射地脫口而出：「擾人的麻煩。」這個答案出乎意料，而說出這個答案的自己更令我訝異。孩子無法選擇父母，任何父母對於被迫成為其子女的孩子來說，都是「擾人的麻煩」。強勢的父母是強勢的麻煩，弱勢的父母是弱勢的麻煩。已故的津島佑子[2]女士在離婚成為單親媽媽之後，在孩子面前上演了種種情感糾紛的戲碼。她告訴自己：「以這種方式捲入父母的人生，就是為人子女的宿命。」

我透過不生孩子，以避免淪為別人眼中的「麻煩」。不過我有時也覺得，這是因為自己沒有足夠強大的自我主義（或者說成「生命力」也行），無法強行將別人的人生捲進我的領域。本以為只要稱父母為擾人的麻煩，就會被抨擊為「不孝子」、「忘恩負義」之類的，沒想到多數讀者都點頭稱是。一位剛為人母的年輕女性傳來感言說到，「我會努力不給孩子徒增困擾的」，令我有些不知所措。可能是因為年輕的父母仍清楚記得自己的童年經歷吧。不過話說回來，每個大人都曾經是個孩子，許多人卻把當年（完全無助的時候）受過的苦忘得一乾二淨，這著實令人感到不可思議。

人類是複雜的。我從未見過妳的母親，也不太想只根據零碎的資訊，就對她進行類型化[3]的描述，不過，讓妳感到費解的那一系列行為，都是聰慧的菁英女性常會採取的生存策略，即「我跟她們不一樣」。不同於廣大的同齡女性，妳的母親受過高等教育，對自身的智識能力有信心且頗為自豪。即便已經結婚生子，仍然覺得自己與那些「尋常的家庭主婦」是不一樣的。置身高學歷菁英雲集的學術會議時，她也認為自己和只會死讀書的資優生型女性學者不一樣。妳母親的研究領域是兒童文學，就生存策略而言，這是個明智的選擇。因為在這種女性學者占絕大多數的研究環境，她不必與男性競爭，旁人也不會質疑她「喜歡孩子的母性」。

女性這種「我跟她們不一樣」的意識，與外表至上主義有關也是理所當然。女性從小暴露在被男性評價的視線中，但男人評價的並非女性的智慧，而是更簡單易懂的外表。我在美國的菁英女性群體中，見過好幾位穿著特別性感的女人。每次見到

2 津島佑子，小說家，著名作家太宰治的女兒，在太宰治自殺過世那年僅一歲多。

3 以類型的方式來感知、建構世界。美國哲學家、社會學家舒茨認為在社會的共同世界中（相較於面對面的關係），人們是用類型化的方式經驗世界和他人，以簡化相互認識的過程。

那樣的人，都很疑惑她們如何看待自己的性別。我們也可以說，恰恰是她對自身社會地位和能力的自豪，反過來允許她走性感路線。這其實是一種炫耀。言外之意是身為一個女人，我有足夠的商品價值，但我偏偏不賣，不賣我也能過得很好。我不知道妳母親的異性緣如何，也不清楚她是否與丈夫以外的男人有過危險的豔遇，但在我看來，她那富有女性魅力的外表更像是在女性世界裡展現優越感的工具，而不僅是用於吸引男性的元素。不過，這種「我跟尋常的家庭主婦不一樣」、「我跟普通的女性學者並不同」的意識，其實是建立在厭女症之上。因為秉持這種態度，她無法同理那些只能成為家庭主婦的女性和刻苦成為學者的女性，也拒絕理解她們走過的人生道路。

在這類女性看來，除了出賣女性元素別無選擇、最後也確實走上這條路的女性是令人唾棄的。對妳的母親來說，她做出的選擇就是全身心抗拒娘家的母親和兩位祖母做過的事。從這個角度而言，妳的母親也受制於自己的成長經歷。而作為子孫一輩，妳一定是想用母親最討厭的選擇來考驗她的極限，而且還是以雙方都會流血的、最殘忍的方式。

妳為此付出的代價是放棄「成為被害者的權利」，無法「在受傷時說自己受傷了」。妳選擇成為AV女優，沒有受到任何人、任何環境因素的強迫，所以關於「自我決定」的問題便時刻糾纏著妳。總是成對出現的「自我決定和自我負責」，不允許妳把選擇的代價歸咎於任何人。妳所說的罪惡感，指的也是伴隨這種自我決定而來的內疚吧。

沒有什麼比「自我決定」更能滿足菁英女性的強烈自負，也沒有什麼比這四個字更能讓菁英女性遠離女性主義。也許妳是從母親那裡繼承了這種強烈的菁英意識，但十年的情色產業經歷讓妳學到了「女人和男人各有各的愚蠢」，幫助妳擺脫了洗腦，這說不定是好事一樁。AV導演二村仁說妳作為AV女優只能算二流，這肯定也粉碎了妳從裡到外的自尊。

但剛剛邁入性產業時，我猜妳也許並沒有預料到代價會這麼大。我所說的「代價」，不僅僅是過去的汙名將會長期困擾著妳。而是——妳是否也在現場實際受到了傷害？

性產業建立在壓倒性的性別不對稱上。不難想像，女性在現場會飽嘗怎樣的性別歧視、侮辱、虐待、暴力和剝削……前面提到的二村導演就曾明確指出，色情產品是將「對於女性的侮辱」商品化。而這種「侮辱」，正是男人性幻想的體現。

「這沒什麼大不了的」、「我不在乎，無論如何都能夠忍受」、「我沒那麼脆弱，不至於因為這點小事受傷」……無數從事性工作的女性都說過類似的話。甚至有少女把解離[4]當成一種技巧，說只要「靈魂出竅」二十分鐘就結束了。她們透過這樣的方式來貶低自己的經歷。

男人們則巧妙利用了這一點。「不要小題大做」、「這沒什麼大不了」、「又不會少一塊肉」……看到這裡，不難意識到這些正是性騷擾者和色狼的口頭禪。再加上「自我決定」，就變成了「明明是妳自願的」、「妳不是希望我這麼做嗎？」、「看妳也很享受的樣子」……貶低（對男性不利的）女性經歷、推託責任是男性的慣用套路。他們恨不得有女性將其內化。

＊

妳擔心自己寫的東西會被人利用，「進而傷害到其他女性，而不是我自己的尊嚴」。還寫道，「我可以忍受他人將利刃對準自己，卻不願意看到我的文字被改造成指向他人的鋒利武器。如何避免這種情況，是我的另一大煩惱。」別繞圈了。在擔心別人之前，妳應該先保護好自己的尊嚴，沒有必要忍受對準妳的利刃。對妳我而言，描準自己的利刃都是痛苦而可怕的。當妳的文字「被改造成指向他人的鋒利武器」時，受到傷害的其實是妳，而非他人。

我的年紀幾乎是妳的兩倍。也許接下來要說的話聽起來有些高高在上，但我還是要說。正視自己的傷痛吧，痛了就喊痛，人的尊嚴就是從這裡開始的。要對自己誠實，不要自我欺騙。一個人若是不能相信、尊重自己的經歷與感覺，又怎麼可能相信、尊重別人的經歷與感覺呢？（所以我才在上一封信裡寫道：「自稱被害者不是軟弱的表現，反而是強大的證明」。）

4　在心理學上指人在記憶、自我意識或認知功能上的崩解，可讓意識與身體或當下的體驗分離。

話雖如此，我並沒有要為自己開脫的意思。之所以敢這麼說，正是因為妳說的每一點我都深有體會。我也走過了充滿羞恥和失敗的人生。永遠無法抬頭挺胸地說，我對自己過往的人生無怨無悔。

今天的年輕女孩，不再把男人對她們的不當行為看作「無所謂、可以應付過去」的小事。她們會開始說「我不喜歡這樣」、「我無法再忍受了」。而我和妳一樣，覺得她們無比耀眼，同時感覺到，或許是自己的行動鼓舞了她們說出這些話。她們擁有對不理想的性關係說「不」的力量，但新的問題也隨之而來——她們能否建立起理想的性關係呢？

性愛固然麻煩，卻也精彩。下一次的主題就是性愛呢，期待妳的來信。

2020年6月19日

上野千鶴子

Letter 3

戀愛與性

您明明飽嘗

「將身心扔進陰溝」的性，

爲何能對男人不感到絕望？

上野千鶴子女士：

感謝您上個月的回信。您在信中結合身為女兒的親身經歷，對母女關係進行了一番剖析。看到您將父母比作「麻煩」，令我想起一件事。

離開報社後，我出版了一本隨筆集，題為《賣身的話就完了》（暫譯）。與二村仁導演、社會學家開沼博一起參加新書發表會那天，您竟然也來到了現場。不知您還記不記得，那天臨走時，您板著臉對我說了這麼一句話：「話說回來，這樣的媽媽可真讓人頭疼啊。」

這句話給我留下了強烈的印象。我在隨筆裡提到了與母親的零星對話，身邊的人看完之後的反應都是「妳的母親可真了不起」、「妳媽媽說的話充滿智慧，讓人印象深刻」。雖然我從不懷疑自己有一個了不起的母親，也深知她的話語充滿智慧，但降生在這種了不起和智慧之下，當然並非全都是好事。「我也有自己的掙扎，但我又該如何講述這種令人難以理解的苦楚呢？」就在躊躇不前的時候，您一句「真讓人頭疼」便點破了我的糾結。這句話如同氧氣一般，拯救了被種種評價壓得難以喘息的我。

這次的主題是戀愛與性，也是我不擅長的領域。經常有人請我寫關於戀愛的專欄，寫起來倒也沒有什麼糾結和障礙，但我不覺得它有多少精彩之處。這恐怕是我對戀愛的態度使然。悲觀地說，我對戀愛是有疏離感的。樂觀地說，我是站在客觀角度上看待戀愛的。沒有結婚生子，也幾乎沒有體驗過要花時間維繫的戀愛關係，所以對我來說，戀愛在大多數情況下都與我無關。即便它就發生在自己眼前，正在朝我展開。

在收到的第一封信中，您說您年輕時也經歷過許多「把身體和靈魂扔進陰溝」的性事。在您把性工作和隨意的性行為比喻為「扔進陰溝」的那一刻，我就在感官層面對這句話產生了深度共鳴。我恰好也不費吹灰之力地發現，性本身就是將自己的尊嚴扔進陰溝的行為，而且從那之後，也在某種程度上充分利用了這一點。但即便活到了這個年紀，我還是不確定世上有沒有可能存在「不把身體和靈魂扔進陰溝」

的性。在上一封信裡，提到母親臨終前對我的第三個擔憂是——我沒有認真對待戀愛。這或許也是可憐我只知道「扔進陰溝」的性。

早在第一次與男性發生性關係之前，上高中的我就開始在澀谷的原味店賣內衣了。那家店的玩法是，男性顧客隔著單面鏡挑選自己中意的女生，被選中的女生會被帶到另一個裝有單面鏡的小房間，在「對方看得到我、自己卻看不到對方」的狀態下，直接把內衣交給顧客。雖說隔著單面鏡，但受光線角度的影響，我們其實可以隱約看到另一側的顧客。男人卻認定沒人看得到自己，便開始放心大膽地自慰。只見他們把我剛脫下的內褲套在頭上，把泡泡襪纏在脖子上，聞著內衣撫慰自己。這一幕成了我心中「男性作為性而存在」的最初印象，我第一次看到男性的性行為就是套著我的內褲手淫。也正是在那裡，我第一次看到了男性生殖器勃起的模樣。就這樣，我在十六歲時把內衣和尊嚴「扔進了陰溝」。

單面鏡的一側是隨時能被替換的我，另一邊則是付了一萬五千日元來自慰的男人。這滑稽至極的畫面至今仍根植於我的性別觀之中。我們顯然是年輕的、穿著制服、單薄無力的人，沒有被賦予任何尊嚴，只能被消費，甚至不被認為擁有任何思想或感情。對方對我喜歡什麼、平時讀什麼書沒有任何興趣，唯一有價值的是，我是一個長著乳房的女高中生，會笑嘻嘻地把內褲遞過去。但男性的模樣也同樣慘不忍睹，他們認定自己有單面鏡保護，即便受盡女生的鄙視，被貼上「噁心」的標籤，仍不惜花光辛苦得來的薪水，購買我們故意用粉底弄髒的內衣，用它的氣味來撫慰自己，射精後便心滿意足地離開。

上高中時，我那些只能扔進垃圾桶的舊內衣可以輕鬆換成錢，所以我鄙視不付錢就得不到這種東西的大叔，也醉心於自己能拿著這些賺來的小錢上街購買心儀的物品。恐怕大叔也瞧不起衝著錢來的愚蠢女生，沉醉於自己可以用賺來的錢安全地和我發生間接性行為。被單面鏡隔開的男女活在各自的故事裡，似乎永遠都沒有交集。也許從根本上來講，我對男女關係的理解還停留在當時的狀態。

我以如此滑稽的方式目睹了以性存在的大叔，他們的形象與我透過漫畫和電影瞭解到的戀愛與性沒有任何一致性。我是在不同的語境分別學到戀愛與性：戀愛是虛構的概念，性則表現為在我眼前射精後便走人的大叔。然而，事到如今，我已經不知道兩者之所以在分裂的狀態下各自發展，是不是因為我對性感到過於絕望，才把對戀愛的幻想困在了虛構的世界裡。我也姑且經歷過一些如同漫畫般的戀愛，但使用的畢竟是同一具身體，現在回想起來，我感覺自己好像對兩者都沒有懷抱太大的期望。

我就是以這樣的形式目睹了大叔的性慾。對我來說，成人影片的世界反而特別容易、也更自然能夠被我接受。在那個世界，不必拋棄腦海中可悲滑稽的男性形象也能活下去。或許我應該談一場「不把肉體和精神扔進陰溝」的戀愛，藉此更新心中的男性形象，努力重新燃起希望。但我沒有做這項艱苦的工作，而是選擇繼續對他們的可悲感到絕望。在原味店對著內衣自慰的人讓我感覺「對這群人說什麼都沒用」、「我根本不可能跟這種生物相互理解」。男人反覆用AV裡千篇一律的「性感女人」和「男人夢寐以求的場景」來滿足自己，這又進一步固化了我心中既定的種種印象。

如此鄙視男人、自以為在利用男人的態度並不新鮮，在泡沫經濟時代下，那些一心趨權附勢的女性可能也有類似的心境。她們反過來利用男人對女人那單純而無聊的理解與性慾，鑽進了他們的保護傘，在不糾正男人對女性的理解為前提，自說自話地譜寫了自己的成功故事。

然而，由於缺乏結婚生子這種明確且連貫的目標，我至今都無法體會在夜生活世界之外，與男人交往有什麼意義。即便找了一個近似戀人的人，把他當作可以一起出門約會或偶爾發洩性慾的對象，我也無法將他的感情、性慾和那些沉迷於原味店及A片、活在自己譜寫的故事當中的男人區分開來。

現在有許多年輕女性敢對男人說「你們錯了」，或者「我不想被這樣對待」。我之所以羨慕她們、覺得她們格外耀眼，大概有一半是因為她們心中還抱有「相互理解」的希望。或者可以說，我羨慕她們是因為她們仍在不懈地努力，試圖將自己的故事與男人的故事連接在一起。她們沒有放下這份希望，而我卻早已放棄。在內心的某個角落，我依然覺得「跟他們說什麼都是徒勞」，可能就是心中的這份放棄讓我離那些敢怒敢言的女性越來越遠。男人在AV女優和性工作者面前，展現的面孔是自私、可悲且無聊的，而我見慣了那自以為是、惺惺作態、將自說自話的幻想強加於人的嘴臉，這使我疏遠了「不把肉體和精神扔進陰溝」的戀愛，遠離了女性主義，甚至脫離與其他女性之間的連結。

成為大人的多年以後，我才意識到自己有這樣的問題。直到男性凝視賦予我的商品價值有所下降，我才發現鄙視男人得不到任何好處。

因此，我想真誠地請教您。

看到您在信裡說，您年輕時經歷過許多「將身心扔進陰溝」的性事，我便擅自推測您應該也經歷過「不將身心扔進陰溝」的性。不僅如此，您還把女性主義帶進了東京大學的學術界，要知道那曾經是男人的世界，不難想像您為此付出多少血淋淋的努力，帶頭為女性開闢了一條路，至今仍在第一線積極發聲。您深知男性是「扔下身體和靈魂」的陰溝，也有足夠的經歷和智慧盡情鄙夷他們，但您為何能認真面對男性，而不感到絕望呢？我高中時不過是看到他們自慰便認為自己已經看透，而您肯定有更多、更深的機會對男人灰心絕望，您為什麼沒有就此放棄，認定「跟他們說什麼都是徒勞」呢？

無論是身為個人的性對象的男性，還是作為社會一員的男性，我都不對其抱持任何希望。您是如何發現「不尊重自己和對方的性愛」毫無意義，又是如何察覺到相互尊重的性呢？是什麼樣的契機，讓您對以前不講求尊嚴的性感到後悔呢？您指出了男人是多麼無趣，被比喻成陰溝也是活該，卻從未放棄與他們對話，這又是為什麼呢？

我對男人的看法，至今還局限於高中時在原味店所形成的印象，始終對他們感到灰心絕望，這恐怕與我不願承認受過傷害的心態密切相關。在上個月的來信裡，您問起我進入性產業後，是不是不僅僅被社會汙名所害，還曾經在現場受到了實際的傷害。

進入性產業的經歷，讓我在各方面付出了遠遠超出預期的代價。當然，僅僅是永遠無法擺脫的過往就已經超出我年輕時的想像。如今，有年輕女性詢問我「該不該拍A片」，我都會這樣回答——妳們可以告別「AV女優」這份工作，卻永遠無法告別「前AV女優」的身分。因為十九歲時想要的人生和當下（如二十五歲、三十歲、三十五歲）想要的人生是不一樣的，所以妳承受的風險將遠比當時想像的還要大很多。

但正如您所指出的那樣，我付出的代價不僅限於揮之不去的「前AV女優」身分。其實我當初決定隱退（我沒有和整個行業斷絕關係，畢竟還要寫論文，只是沒有繼續拍片），是因為出道一段時間後，片酬越來越低，在片場受到的具體待遇也越來越差，而且感覺自己身處險境。當時還是凌辱類作品的全盛時期，說穿了就是要折磨女性，讓她們做出明顯違心的事情（受道德觀念的影響，這類作品現在顯著減少了）。已經過氣的我若是想拿到高額片酬，就只能拍這種女性避之不及的類型。拍攝期間，有人點燃了噴在我背上的殺蟲劑，留下一大片燒傷的疤痕。還曾被人用繩子吊在半空中，因燭火缺氧而差點窒息。這樣的生命危險歷歷在目，讓我開始抗拒去片場。但我並不認為自己受到了傷害，只覺得「很危險」，也許是因為我接續不斷地把身體扔進陰溝，就連「這具身體屬於我」的意識都變得模糊了。隱退後，我在燒傷的地方紋上刺青，好讓疤痕不那麼明顯。

豈止是情色產業裡的男人。日常生活中遇到的男人，哪怕沒有金錢往來上的牽扯，他們也會說，「妳都拍過A片了，肯定有在吃藥，就讓我不戴套直接上吧」，或「照著這部片子裡的樣子伺候我」……這些話，我實在聽到厭煩了，完全失去享受性愛的念頭。有過幾次性關係的男性當著我的面，一本正經地對他的朋友說：「哪個男人願意和一個演過AV的女人交往啊？」這種事也是家常便飯。

那些接近我的人，嘴裡說的不管是「我不在乎妳的過去」，還是「我被妳的個性和智慧吸引，而不僅僅是妳的身體」，我都無法認真看待，因為我覺得那些話很虛偽。當男人表現出愛戀與性慾時，我就會下意識地想起原味店，頓時感到掃興。而當性行為以我不情願的形式發生時，我可能會感到麻煩、想早點回家、厚顏無恥或噁心，自己的身體卻彷彿事不關己，比起尊嚴受到傷害，「男人果然一無是處」的心態還更重一些。

我不需要採取反對婚姻制度的立場，就走上了不想與男人這種生物共度人生的道路。看到那些男人在家庭之外發洩性慾的嘴臉時，我也感受到徒有形式的婚姻是多麼沒有意義。而母親擔心我越來越孤獨，因為我無意尋覓伴侶，不想瞭解男性的真正魅力，也不把戀愛放在眼裡。

*

前幾天，我讀了一本書名為《永別了，我們》（暫譯）的書，作者是清田隆之，主題是身為男性的作者結合自己的反思，談論「男性」這種性別和女性主義。在廣大女性的耐心勸說下，也許有越來越多的異性戀男性意識到了自己造成的傷害，並願意笨拙地面對這個問題，哪怕他會在這個過程中受傷。許多女性似乎很歡迎這種態度，但我仍然半信半疑，總忍不住想太多，無法好好面對男人，更有種被時代拋棄的感覺。

長久以來，我認定男人愚蠢得無可救藥，將臉別過去不願多看一眼。我能否正視他們，追求相互尊重的性和愛？答案依然懸而未決。說到底，我們是否有必要透過性與男性建立精神層面的連結呢？我也認為有必要走出「終將毫無結果」的犬儒主義，卻又覺得擺脫對男性的絕望格外地艱難。

不好意思，在戀愛和性這兩方面都走投無路的我，在這封信裡提出了一連串問題。下次通信的主題「婚姻」，也是一個牽扯到性愛的棘手問題。期待與您的下一次交流。

2020年7月10日
鈴木涼美

戀愛是自我的鬥爭。
我要成爲「女人」，
就需要「男人」
作爲戀愛遊戲的對手。

鈴木涼美女士：

喔，原來妳十多歲時是個「原味少女」啊。

我在第一封信中寫道，「我期望這代曾經的原味少女、援交少女能產生新的表達方式，至今卻沒能如願以償。」沒想到當事人竟然近在眼前，不禁激動萬分。也許此時此刻，我正在見證「新的表達方式」與「嶄新感覺」的誕生。

不僅如此，妳在《AV女優的社會學》中提到逼迫女演員不斷嘗試過激玩法的成癮機制，原來不單單是妳作為旁觀者所見，還是妳的親身經歷。讀到妳在拍攝時留下大片燒傷，還經歷了充滿生命危險的缺氧，我的胸口像是被堵住了一樣。妳是成功掙脫了，但正如媒體報導的那樣，有些女性仍遲遲無法抽身，歷盡苦楚，身心都留下了後遺症。想必妳也不僅承受了身體層面的傷害，還感受到了精神層面的巨大屈辱與憤怒。儘管妳對此輕描淡寫，但妳以前從未提過，不是嗎？更令我感慨萬千的是，妳一直把這些經歷藏在心裡，認定自己無權稱傷痛為傷痛。這種自虐與自尊正是女性的弱點，是這一行的男性多年來一直在利用的東西。這是自己選的路，沒辦法跟任何人抱怨；做選擇的時候就已經做好了承擔風險的準備，所以沒有資格埋怨……但這並不意味著妳同意他人對妳為所欲為。不僅僅是妳，恐怕還有許多女性對她們在現場遭受的（身體和精神上的）創傷保持沉默。

「性愛」雖然是一個詞，但性與愛並不相同。將不一樣的東西區別對待，總比不區別對待來得好。長久以來，性和愛一直緊緊捆綁在一起，是「性革命」的一代切身實踐了「性愛分離」這句話。

不要誤以為年紀越大的人，對性就越保守。我們這一代人見證了六〇到七〇年代席捲全球的性革命。近年來，實驗性的性愛似乎成了備受關注的焦點，但一夫多妻制和開放式婚姻早就被我們這代人實踐過了。當時還有所謂的「天使夫婦」，指雙方之間鮮少發生性行為、只與伴侶以外的人發生性關係的特權伴侶。儘管在我看來，這無異於異性戀婚姻具有排他性[1]的翻版。放在今天來看，就只是無性夫婦在婚

1 婚姻具有排他性，是指婚姻不可以有第三者。

外尋覓性伴侶的老套戲碼。看到漫畫和部落格中描繪的「性實驗」時，我們很難不覺得老調重彈。看著那些從來沒有也不願意公開談論性的年輕人，我甚至覺得年輕一代對性更加保守。

畢竟有沙特和西蒙波娃的先例。在比我們稍微年長的那代人看來，沙特和西蒙波娃那樣的關係，就是知識分子的理想型。不須登記的事實婚姻，雙方都對其他異性持開放態度，並在此基礎上承認對方是自己終身的特權伴侶。即使性變得自由，愛失去了專屬性，廣大男女（尤其是女性）的心似乎仍被「命運的紐帶」牢牢牽絆在一起。話雖如此，沙特與眾多女性的關係仍令西蒙波娃受盡嫉妒的折磨。

性革命想要顛覆的是近代的性規範，特別是針對女性的雙重標準。那是「初夜」一詞仍然存在的時代，可想而知當時的性實驗與今天相比是多麼具有「革命性」。「女人忘不了她的第一個男人」……可笑至極。「女人不可能同時愛上兩個男人」……想愛幾個都行。「女人不能在沒有愛的情況下做愛」……一試才發現這有多麼容易。

我們見證了傅柯所謂支撐現代性觀念的主張——浪漫愛[2]之意識形態（愛、性和生殖在婚姻之下的三位一體）瓦解的過程。性革命促進了它的瓦解。但這種主張建立在雙重標準之上，針對男性和女性的規則並不相同。

男性以違反規則為前提，而女性卻是被迫服從規則。在某次講座中，一名年長女性聽眾發言道：「我從沒碰過丈夫以外的男人，這輩子都守著他一個人。」我立刻反問：「妳是自願的，還是被迫的？」她不假思索地回答：「被迫的。」在那個年代，女性談論這種事情本來就很不尋常。

在性的雙重標準下，女人實踐性革命的成本比男人更高。在學生運動中，有些男人在街頭的另一端盡其所能地利用在性方面比較活躍的女學生，卻在暗地裡對她們使用「公廁」這樣的蔑稱。到了九〇年代，我才得知「公廁」是當年皇軍用來指稱「慰安婦」的用語。那一刻的震驚可以說是畢生難忘。我們當那些男人是同志，他

2　Romantic Love，指專屬於兩人愛情關係，具備專一、永恆的特質，雙方不是因為金錢、家世背景考量，而是以戀愛為基礎為進入親密關係。社會學家伊娃．易洛斯認為浪漫愛的觀念讓女性固守於被動等待被追求與被呵護的角色。

們卻以皇軍用語稱呼我們……只不過事到如今，也無法考證那是傳承自皇軍、還是人人都能想到的名稱。

＊

性的近代典範[3]是——性＝人格。女人的人格會因為「出格的性」遭到玷汙，男人的人格卻不受性的影響。在「性＝人格」的典範下，遭受性暴力的女性是骯髒的，出賣性的女人被視為是墮落的。以前甚至有「淪落女」、「醜業婦」這樣的說法。而與「醜業婦」接觸的男人卻似乎一點都不醜陋。人們普遍認為，男人無論如何接觸「墮落的女人」，都不會染上墮落。有一段家喻戶曉的軼聞，說在明治時期，伊藤博文頻頻與「骯髒的」妓女發生不正當關係，結果有人在帝國議會上如此回應：「伊藤公的人格並沒有被玷汙。」不僅認為自己未被玷汙，還將自身行為產生的罪惡感轉嫁給對方，所以這種典範對男人而言，無異於機會主義。針對性工作者的汙名正來源於此。我們似乎尚未突破半個世紀前，就試圖摧毀的近代性觀念。

近代性觀念（只針對女性）規定「性和愛必須保持一致」。現在回想起來，浪漫愛之意識形態是一種相當了不起的伎倆，硬生生把兩種根本不可能一致的東西湊在一起。半個世紀過去了，我們終於得出結論，回歸原點：性和愛是兩回事，應該區別對待。儘管認知已經有所扭轉，那麼，這種變化又帶來了哪些效果呢？

性和愛是兩回事，所以必須分開學習。我漸漸注意到，社會上出現了一批先學性、後學愛的年輕女性。而且她們所學習的，是為男性服務的單向的性。對她們來說，性的門檻已經大幅降低，性的品質卻遲遲沒有提升。

「彆扭女子」雨宮麻美說，她十八歲那年為了參加考試而住進一家商務旅館，第一次透過旅館的錄影設備看了A片。那就是她學習「何為性」的初體驗。她在書中寫道，這種無法擺脫的烙印促使她成為AV寫手。許多AV演員如此警告年輕觀眾：「不要誤以為真正的性就是A片裡的樣子。」然而，對於從未有過其他性經驗的青少年來說，AV中的性行為便是至關重要的初體驗，極大程度塑造了他們對性的印

3 paradigm，是指一種人們思維的基本模式、觀點或參考架構。

象，而且影響非常深遠。據說隨著A片的普及，有一大群人開始學著演員的樣子顏射[4]，足見媒體的渲染力不可小覷。

事實上，媒體就是學習性愛的管道之一。我們正是因為事先透過媒體學習過性和愛是什麼，才能為實際的體驗命名。資訊時代操縱著社會大眾，並非新媒體出現後才有的新鮮事。神話、故事乃至少女漫畫都是學習的媒介，都能教會人們什麼是戀、什麼是愛。事後體驗到相應的情感時，人們就會意識到：哦，這就是（透過那個故事學到的）戀愛啊。這叫「經驗定義」。沒有事前瞭解的概念，就不能為經驗命名。

當女性的性與愛仍緊密相連，「性」成了女人為了證明自己的愛而獻給男人的東西，不然就是要盡可能高價出售或轉讓的財產。

一九七四年，山口百惠就在〈一個夏天的經歷〉中唱出了「我要送妳女孩最寶貴的東西」。沒有人關心女性的性慾，人們期望女人在這方面扮演被動的角色。我尊敬的作家森崎和江寫道，她年輕時在九州跟一名帝國大學的學生談戀愛，對方吐露過這樣的心聲：「女人有沒有性慾啊……」在那個年代，這可不是笑話。即便是現在，有性經驗的少女之間仍會出現這樣的對話：「為什麼做了呀？」「因為男朋友想要啊。」「舒服嗎？」「不怎麼樣。」由此可見，這種典範仍然沒有消失。換句話說，在這個女孩看來，性是一種自我犧牲，因為她所愛的男人想要，所以她把性獻給了他。

到了後現代，人們逐漸意識到女人也有性慾，而且不僅是男人，女人也能感受到性帶來的愉悅，這是一個巨大的變化。女性可以自由說出自己的快感了（我要趕緊補充一下，其實在近代之前的日本，人們普遍認為女性有性慾、有快感是理所當然的）。但即使是現在，「喜歡性愛」的女性仍會被扣上「淫蕩」、「婊子」的帽子，「對公開談論性的女人提不起興致」的男性也不在少數，可見陳舊的性觀點似乎沒有完全消失。

4　即是男性射精到對方臉上，這個性行為是因為受到日本八〇年代性文化影響的非插入方式之一。

愉悅也是需要學習的。和男人單純的歡愉不一樣，女人學習愉悅卻是耗時又費力。許多老一輩的日本女性一生都沒有品嘗過性快感。七〇年代，保健師大工原秀子進行了一項面向年長女性的問卷調查，其中一個問題是：「性對妳來說是什麼？」不少老婦人如此回答：「性對我來說無異於苦差事，只盼著早點結束。」[5]

性高潮被稱為ecstasy。拉丁語是ecstasis，意為突破穩定狀態，可以理解成忘我、入迷或陶醉。性有頂點是一種恩賜，因為這意味著它有終點。有人把性高潮比作「微小的死亡」。我遇過一名能勃起但無法射精的男性，他的問題被稱為射精障礙，像這種「無法結束」的性肯定非常痛苦。有人解釋說，這是因為他們無法接納微小的死亡。沒有「可以把自己交給對方」的絕對安全感，就不可能在別人體內迎來微小的死亡。只有確信自己一定能復活，人才能容許自己小小死去一次。

性是死亡和重生的儀式，它把我們帶回到生，而非死。

弔唁之日，情慾最盛。——千鶴子

這是我當詩人時所寫的一首俳句。性愛否定了死亡。前線士兵找女人交歡，恐怕也是為了消除對死亡的恐懼。我想再引用一段自己的文字，其中難得地提到了性愛經驗。我與伊藤比呂美合寫過一本很少有人看的書，書名為《巫女與審判神》（暫譯）。在詩人比呂美的刺激下，我一反常態，不由得發揮了這樣一段：

性交時，我的身體呼喊著「我想活下去，我想活下去」，呼喊著「我想高潮，我想高潮」[6]。

我聽到了身體的吶喊，讓身體達到高潮，而我，也攀上了頂點。

絕對不能認為女性的愉悅是被動的。人只有親自去感受才能品嘗到歡愉。女性若沒有主動去體會和沉浸在其中，而只是重複同樣的流程，絕對無法體驗到愉悅。

妳說妳在三十歲之前和很多男人發生過性關係，卻沒有真正談過戀愛。對我們這

5 出自大工原秀子，《老年期的性》，密涅瓦書房，一九七九年。
6 在日語中，想活下去（生きたい）與想要高潮（いきたい）發音相同。

代人來說，「戀愛」是一個特殊的詞語。團塊世代[7]也許是被浪漫愛之意識形態洗腦最嚴重的一代人。而洗腦管道就是少女漫畫與電視劇。年輕時狂熱追捧《凡爾賽玫瑰》，上了年紀之後又為《冬季戀歌》心潮澎湃的正是團塊世代的女性。她們大概也是渴望真命天子、相信紅線傳說的最後一代。

一九六八年，思想家吉本隆明的《共同幻想論》（暫譯）出版上市。書中的論述由「共同幻想、對幻想、個人幻想[8]」三部分組成，卻很少有男性評論家關注「對幻想」。然而，經常讀吉本隆明著作的女性（包括我自己）都被「對幻想」這個概念深深震撼，因為他在人們普遍認為「戀愛不是用來討論，而是自然而然墜入」的年代，向讀者闡明，戀愛是一個值得討論的思想課題。儘管是在性與愛分離之後，對特權伴侶的幻想也沒有因此煙消雲散。還記得，當時廣泛流行這樣的說法：「聽說他和某某在做對幻想呢。」現在聽來只覺得好笑。就算異性戀本位已被挑戰，但我仍然認為，即使是在LGBTQ（性少數）族群中，對「伴侶」的信仰也沒有完全消失。

*

戀愛，是日本近代才出現的詞。在之前有「傾慕」、「好色」之類的說法，卻沒有「戀愛」這樣的表達用語。到了近代，男女被迫成為赤裸裸的個體，作為「新的男人」和「新的女人」一起被召喚進入戀愛這個「自我的鬥爭」的遊戲場，成為玩家。據近代文學史，「新的男人」比「新的女人」更早誕生。當「新的男人」問，有沒有「新的女人」能與他們對等地開展戀愛遊戲時，閱讀《青鞜》[9]的女人舉起手說「我們在這裡」。

對閱讀《青鞜》的女人而言，「自由戀愛」彷彿是擁有神奇魔力的咒語。女人在其他地方都無法與男人享受同等待遇，唯獨在自由戀愛的遊戲世界裡，她們能與男人平起平坐，在某些情況下甚至可以扭轉原來的局勢，牽著男人的鼻子走，統治或

7 日本戰後嬰兒潮出生的第一代。「團塊」意味著這個世代的人默默奮鬥，緊密地聚在一起，是日本當時促使戰後經濟發展的主力。

8 吉本隆明自創的思想體系。個人幻想為個人與自我之間的關係，包含藝術等個人活動，對他人影響小且沒有任何限制。對幻想指個人與他人的關係，包含家人、朋友、親人。共同幻想為人與人之間的公共關係，包含國家、法律、企業等。

9 日本首部女性文藝雜誌，「青鞜」譯自blue stockings，特指十八世紀英國貴族女性舉辦的文化沙龍。

操縱眼前的男人。

搶走中原中也情人的小林秀雄[10]，在〈致X的信〉中寫道：「女人要求我做一個男人（而不是一個人）。這個要求讓我萬分驚訝。」

女人不能，也不被允許成為女人以外的任何東西。因此對女人來說，將男人與「人」的身分剝離，讓他變成赤條條的「男人」，就是在對等條件下進行戀愛遊戲的前提。

戀愛是自我的鬥爭。我要成為「女人」，就需要「男人」作為戀愛遊戲的對手。而且我深刻體認到，我對女性身分的認同依賴著男人的存在，也正是因此才意識到自己是一個「異性戀的女人」。當我意識到自己的性傾向時，我便不由自主地想去尋求男人，而我也確實那樣做了。

然而，在戀愛這種遊戲裡，女人和男人的賭注從來都不對等。當女人拿自我下注時，男人只押上了一小部分。這就是為什麼《死之棘》[11]（暫譯）中的妻子堅持要丈夫把一切都賭上，也正是出於此原因，吉本隆明在《共同幻想論》中深入探討了島尾敏雄的《死之棘》。

小林秀雄還說過：「女人是養育我長大的地方。」

我至今相信，談戀愛比不談來得好。因為在戀愛的遊戲場上，人能夠深入認識自己與他人。戀愛會幫助我們瞭解自身的欲望、妒忌、控制欲、利己之心、寬容和超脫。戀愛是鬥爭的場所，妳要奪取對方的自我，並放棄自己的自我。我從不認為戀愛是一種放縱的體驗，在戀愛的過程中，我們受到傷害，也互相傷害，藉此艱難地摸清無論如何都不能讓渡給他人的自我防線，以及對方那條無法逾越的自我界線。

---

10 中原中也是詩人，代表作有《山羊之歌》。小林秀雄則是著名評論家，被視為日本文藝評論界的靈魂人物，與中原是好友。此處的「中原中也情人」指演員長谷川泰子，長谷川於一九二四年四月與中原同居，隔年十一月與小林相戀。

11 小說家島尾敏雄的代表作之一。故事講述了一對夫妻的糾葛：丈夫是特攻隊隊長，妻子許諾若他戰死，自己也跟著去死。不久，他接到上戰場的命令，但在動身前戰爭便結束了。戰後，妻子因丈夫出軌而精神失常，丈夫在她身上彷彿看到在特攻隊時的死亡危機，於是決心拋棄一切照顧她。

我向來認為，戀愛不會蒙蔽一個人的雙眼。恰恰相反，戀愛是一種「面對對方時極度清醒，以致於在旁人看來無比瘋狂」的狀態。跟一個愛上無用男人的女人列舉對方有多少缺點都是徒勞，因為她早就一清二楚。正因為對情人的弱點瞭若指掌，才能比其他人更殘忍地傷害對方。

為人父母之後也會有類似的體驗，但親子之間存在壓倒性的不對稱關係。而且由於母性被過度神化，成為父母的男女，很難意識到自己的自我主義。我之所以沒有成為母親，多少也因為害怕自己在無路可逃的不對稱權力關係中，站在強勢的一方。而戀愛是在對等的個人之間所展開的遊戲，所以我們可以對戀人大膽放言道：「不願意就走吧，你有離開的自由。」

當然，也有建立在支配和控制之上的關係，比如存在暴力的家庭。一方用暴力逼迫對方就範，使其無法「離開」；或是選一個比較容易控制的弱勢者，讓對方依賴自己。但「自我的鬥爭」之所以是與對等的對手所開展的遊戲，正是因為只有對手旗鼓相當，遊戲才顯得更有趣。

肆意踐踏他人的自我是一種野蠻的行為。但我們正是在還不知道自己是誰的時候，將磨破皮而發紅的自我暴露在他人眼前，並要求他人也這麼做，最終在這個過程中慢慢構築起「自我」。只有在戀愛的遊戲場上，我們才被允許這樣做——我將踏入你的自我，也讓你成為我人生的一部分，因為我愛你。

再補充一點，戀愛絕不是死命捍衛自我界限的遊戲，而是透過狠狠品味與自己不同的他人的反應，同時瞭解自己和他人的過程。在此過程中，我們也能確認「他人與自己之間，存在絕對的隔閡」，以及「我們永遠無法完全擁有或控制他人」。戀愛非但沒有使人與人相融，反而引領我們走向孤獨，而這種孤獨是多麼暢快。

我曾寫過這樣一句話：「所謂成熟，就是提高他人在你心中的滿載吃水線。」正是透過這種殊死搏鬥，我才能對他人更加寬容。

就算不進行這種野蠻的行為，人也能活下去，也可以做愛或組建家庭。我曾懷疑許多結婚生子的女性是否真的是異性戀。（不考慮經濟上的依賴）她們在心理上對丈夫幾乎毫無仰賴，而且似乎沒有意識到自己作為性方面的存在。她們應對方的要求發生性關係，按照習俗和規範結婚生子、成為母親，但我不知道她們是否曾為了成為女人而迫切地需要男人。我甚至覺得，男人需要女人來成為男人，但許多女人似乎並不像他們那樣亟需男人。

*

話說回來。有一陣子，我讀了很多關於「浪子情節[12]」和「女性性成癮[13]」的回憶錄。這些男女是性革命的親身經歷者。在生命的最後時刻被問及「這輩子最美好的性體驗是什麼」時，他們都給出了一個平凡的回答——與愛人心意相通，水乳交融。沒想到性經驗極度豐富的男女，在人生尾聲回憶起「最美好的性體驗」竟是極致的性愛合一。但我不認為這是陳腐的表現。

性是性，愛是愛，它們本不相同，偶爾會重合，有時則否。一個人如果經歷過性和愛偶然重合所帶來的至上幸福，應該非常幸運。而且能分辨出高品質的性，也正說明了他曾經歷過許多品質不那麼高的性，不是嗎？

性涵蓋了暴力到交歡的各種光譜，愛也涵蓋了控制到自我犧牲的不同光譜。無論是性或愛，都完全不需要把它們理想化。但妳若想在有限的人生中，將時間和精力等有限資源最大化使用，體驗高品質的性和戀愛，肯定比不曾體驗來得更好。因為在人際關係方面，兩者都是麻煩又棘手的東西。最終能有多少回報，完全取決於妳投資了多少。

「不過是性罷了」、「就只是這種程度的戀愛而已」……如果妳抱有這種想法，那麼回報也就這麼少。人只能得到自己所尋求的東西。

在對男人抱有巨大期望並投入大量心血之後，我在九〇年代與森崎女士展開了一次主題為「未竟之夢」[14]的對談。「未竟之夢」四個字裡包含了渴望「對幻想」，卻

12 Casanova Complex，很難專注於一段關係中的男性，需要感情來填補內心的黑洞，但無法只被一段關係滿足。

13 Nymphomania，指有極為頻繁或突然增加之性衝動的女性。

14 後收錄於森崎和江、上野千鶴子〈對談：未竟之夢〉，《新女性主義評論 Vol.1：戀愛技術》，學陽書房，一九九〇年。

最終沒能如願的感慨。那時，我已經從命運紐帶的幻想中覺醒。而夢醒之後，性的身體、單身者的性身體依然存在。

我認為，當後現代迎來了性的多元化，從「成對」的夢中甦醒的「單身者的性身體問題」仍舊沒有得到解答。單身並不意味著沒有性的存在，性的存在也不以「成對」為條件。而性少數群體比起異性戀者，更認真看待這個問題。

*

不過，隨著我年齡的增長，這個問題不再那麼迫切，也不知這是幸還是不幸。吉本隆明留下了一個令人哀傷的概念——「生理迫使我們成熟」。即使一個人實際上尚未成熟，年齡和衰老也會強迫他對很多事變得死心，即變得達觀。其中，性慾又與生命力相關。

事實上，在我的體力充足到可以「扔進陰溝」的時候，扔進陰溝的行為就已經越來越難實現了，因為一旦認知到時間和精力有限，就必須優先做自己想要做或該做的事情。於是在我的人生中，一度無比緊迫的性，便被逐漸降低了優先順序。

我曾隨口對女性解放運動先鋒田中美津提起：「當性慾降低以後，人生就變得平和了。」據說她聽完之後喜滋滋地告訴別人，上野女士跟我說，沒了性慾，人生就變得平和了。

這些話繞了幾圈之後又傳進我的耳裡。後來我有幸再次見到她，便要求她稍加糾正：「美津女士，我的原話是性慾降低，可不是說沒了啊（笑）。」

老年階段的性和愛又是怎樣的呢？對我來說，這是一個未知的世界。對妳來說，大概是個連想像都很困難的未來吧。

能使妳充盈、教會妳認識自己的，是「愛」而非「被愛」，是「慾想」而非「被慾想」。沒有性和愛，人也能夠活下去，但「有」比「沒有」確實更能豐富人生的經歷。

（請容我畫蛇添足一下：我並不否認為人父母也是這樣一種經歷，儘管我沒有選擇這條路。）

2020年7月24日

上野千鶴子

Letter 4

婚姻

對基於戀愛的關係
沒有信心的我，
也許就需要一份
哪怕感情乾涸
也可以維繫的婚姻契約。

上野千鶴子女士：

您在上個月的來信中，大致講述了性與愛的歷史變遷，以及您那一代的女權運動經驗，讓我受益良多。我的知識裡並沒有「天使夫婦」這個詞彙，但正如您指出的那樣，在無性婚姻家庭領先全球的日本，向伴侶之外的對象尋求性愛是相當常見的。如果僅限於男方的話，那就更加普遍了。根據我的個人經驗，似乎有不少在一起多年的同性情侶，也會選擇這種「不與伴侶發生性關係，而是在外面大肆尋歡」的方式。

我並不認為一夫一妻制才是最佳解，但近年來，西方文化在經過媒體傳播之下，男性發生的婚外情漸漸受到嚴厲的譴責。比起只要求女性一心一意、保持純潔，這樣或許更公平、更健康一些，但我也不禁疑惑，事到如今，為什麼名人出軌的新聞會如此受人關注？為何社會要大力宣揚單一的婚姻價值觀？

這次的主題是婚姻。這兩個字比上一次的「戀愛與性」更遠離我的現實生活，但我總覺得自己正因為沒有結婚，才有這麼多機會來思考婚姻，或是提出一些對於婚姻的看法。這幾年，關於夫婦別姓[1]和同性婚姻的討論漸漸浮出檯面（儘管比西方晚了一些），婚姻觀念和最新的多元形式也時常成為熱門話題。

您在上一封信中寫道，您那代人見證了浪漫愛意識形態的崩解。在這樣的浪潮中，選擇不結婚確實不再顯得特立獨行。我們這代人明明活在相對寬鬆的大環境之下，我卻深切感覺到，一個人如果沒有特別強烈地抗拒婚姻，那麼，結婚就是個再正常不過的選擇，不結婚反而需要有什麼個人追求與理由。哪怕性革命已深化至此，女性也逐步取得了經濟獨立，婚姻這一意識形態仍是如此根深蒂固，我個人對此頗為疑惑，甚至感到不可思議。在九〇年代的社會，經常有抨擊家庭主婦的言論，也越來越多人認為基於婚姻建立經濟紐帶早已陳舊落伍，但婚姻擁有的絕對向心力仍沒有被嚴重削弱。我認為，這是因為婚姻之外的互助選擇實在太少了。

我這個年紀的女性步入婚姻，應該主要是為了解決經濟和育兒問題，但儘管可以在婚姻框架之外克服這些難題，仍有不計其數的人認為「結婚」二字象徵的東西更有吸引力。當然，我沒有任何理由反對同性婚姻或夫婦別姓，但看到這些試圖擴大婚姻形式的討論，我不禁思忖：大家就這麼想得到「已婚者」這個身分嗎？沙特—西蒙波娃式的事實婚姻在法國等國家已經得到了制度化的保障，但在日本，構建婚姻的下位制度[2]等實際問題卻少有人關心，至今的討論仍聚焦於如何為傳統的婚姻制度創造靈活度。說實話，我總覺得這有點詭異。現階段，不結婚確實會在社會上造成某些不便，特別是育兒方面，沒結婚更是帶有決定性的不利條件。但讓我納悶的是，為什麼不把重點放在解決這些不便利上，而是想方設法讓許多未婚的人能夠結婚呢？

我感覺您對結婚的態度一直相當堅定，在每個時期都明確表示出「無意結婚」的立場。不過，看了您最近的採訪後，我將您不結婚的主要原因理解為「結婚意味著放棄自由」。然而，仔細觀察日本夫妻的現狀，很多都只是虛有其表的契約關係，

1 日本法律規定夫妻必須同姓，儘管有少數男方改為女方的姓氏，但絕大多數都是女方被冠以夫姓，這給女性的日常生活與工作帶來諸多不便。因此，民眾呼籲引入「（選擇性）夫婦別姓」。

2 在異性戀登記婚姻之外，為事實婚姻、同性戀伴侶等提供法律保障的補充性制度。

也放棄了性愛的排他性。您沒有選擇為了一時方便而結婚，以消除種種不便，並且繼續在婚後保持自由，而是堅持不走入婚姻制度，不知道您是不是還有什麼其他的理由呢？

您指出年輕人比經歷過七、八〇年代的那代人更加性保守。我完全同意您的看法，尤其是菁英階級。有時還覺得，在性保守、性冷淡、性消極的流行之下，甚至出現了回歸傳統婚姻的思潮。特別是比我更年輕的那一代人，我時常聽他們說，比起累積戀愛與性的經驗、在情場橫衝直撞，她們更渴望婚姻，想要一個可以安定下來的歸屬。他們是不是覺得，在性方面活躍奔放、摸索自由的戀愛形式本身很老套呢？從這個角度來看，也許我這代是年輕時暗自較量性奔放程度的最後一代。

就個人而言，有幾個契機讓我的婚姻觀產生了改變。學生時期，我對婚姻不感興趣，幾乎從沒想像過自己步入婚姻的模樣。對看似戀愛的東西（且不論那是不是真正的戀愛）和性都非常開放，但在我的認知裡，婚姻就等於在經濟上依賴男性，僅此而已。所以我不像身邊許多同學那樣認定婚姻是必需品。不過，我平時也會說

「好想結婚呀」、「要嫁就得嫁這種人」之類的話，但那只是一種修辭或玩笑。而且儘管父母的婚姻有各種問題，但直到天人永隔，他們都沒有解除夫妻關係，所以我一直模模糊糊地覺得自己可能會在某個時間點結婚。然而，和多數女性一樣，我不知道除了想要孩子之外，還有什麼時機可尋。

拍AV的經驗，讓我長期以來把婚姻當成是與自己完全無關的事。或者說直到現在，心理上依然與婚姻有一定的距離，也許是因為我至今還沒能走出那時的距離感吧。雖然有許多特例，但現今的男性已經逐漸習慣與女性並肩工作，或是在她們的指導下做事，而他們似乎將女性簡單分成了三類：尊敬對象（老師與同事）、保護對象（妻子與女兒）、性對象（妓女與情婦）。這是我一直以來的印象。

其實，女性可以輕而易舉地跨越這些界限，三種屬性也極有可能出現在同一個人身上。甚至像我這樣用同一具身體扮演過「妓女」與「父權社會下的公司雇員」的女性，在今天也並不罕見，但男人往往很抗拒女人跨界。他們會跟週刊爆料，說《日經新聞》的記者當過AV女優。他們喜歡陪酒小姐和風俗女，卻極端厭惡自己的女兒從事那種職業。他們嘴上說不介意下屬是雷厲風行的女員工，但卻反感自己的妻子變成那樣。我總覺得他們是毫無惡意地把女人歸類，喜歡讓女性待在自己所屬的分類裡。只要女人不越界，他們就會予以尊重。

我向來認為AV女優基本上很難建立家庭，畢竟拍片會留下她們曾是性對象的證據，而且街坊鄰居都會知道。所以一直想著，投身色情行業就等於告別了未來結婚的可能性。許多前AV女優選擇結婚成家，但婚姻會將雙方親屬牽扯進來，必然需要面臨一定的衝突和妥協，所以老實說，我們在婚姻市場上的競爭力是非常低的。我也覺得賣娼、拍片就是趁著單身和年輕，預支婚姻裡男人給予的經濟庇護。

因此，我一直對婚姻抱有曖昧不清的距離感。直到母親病倒以後，我和父親照顧了她約莫兩年。在此期間，我有幸見證了人嚮往專屬伴侶承諾的原始理由。患病時，病人當然是最痛苦的，而家屬也同樣疲憊不堪。即使如此，在生命的最後一刻，母親也不願見到或依賴我和父親以外的任何人，所以儘管心裡相當煩躁，我也不得不像履行義務那樣留在她身邊。與病魔的鬥爭讓她失去了性魅力，藥物也令她神智不清，幾乎喪失了理智與語言能力。現在回想起來，我多少有些明白了，人們想要的不僅僅是形式上的契約，也不是單純的愛情，而是兩者的結合。

我並沒有因此突然想要結婚成家，但比以前理解人們為什麼更傾向於擴大婚姻形式，以期在婚姻中創造自由，而不是壓縮婚姻，擴大婚姻之外的自由。然而，如果同性婚姻和夫婦別姓成為可能，讓許多曾被排除在婚姻之外的人也可以參與，而婚姻之外的空間又沒有得到擴大的話，還是有哪裡不太對勁。

與朋友私下討論婚姻時，我發現身邊女性的想法似乎能分為兩個層次。第一層是「要不要運用婚姻制度」，第二層是「先撇開結不結婚，關鍵是想不想建立特權伴侶關係」。換句話說，聊天過程中常常出現「有伴侶的不婚者」和「無伴侶的未婚者」的微妙差異。我目前還沒有結婚，也沒有特權伴侶關係。

至少在我身邊，那些對婚姻制度說「不」的人，往往與伴侶建立了比尋常夫婦穩固得多的羈絆。我也覺得正是因為有這種精神連結，他們才有勇氣置身於制度之外。在菁英階級的未婚者當中，這種傾向尤其明顯，他們像西蒙波娃那樣認為這段關係應該會持續終生、牢不可破，於是沒有選擇婚姻這一形式。我有時也會想，如果是這樣的話，對基於戀愛的堅強羈絆沒有信心的我，也許正需要婚姻關係。哪怕它略有乾涸，至少可以維繫下去。

您在上個月的信中提到，戀愛是同時瞭解自己和他人的過程，最終能將引導我們走向暢快的「孤獨」，那番話令我印象深刻。我邊讀邊想，也許對許多人來說，那份孤獨過於沉重，沉重到無法用「暢快」來形容，所以他們才想要藉助某種契約來分散注意力。如果真是這樣，那麼我之所以從未有過迫切的結婚意願，可能就是因為我不曾站上真槍實彈的戰場，因此沒能達到孤獨的境界。也或許是，我拍AV這件事給母親和其他親人帶來了巨大痛苦，招致種種批評，基於這段經歷，我在心中便劃掉了「建立新的家庭」這個選項，暗中藉此逃避遭人拒絕的可能性。有時也意識到，自己之所以無法認真面對戀愛，是因為擔心只能成為性對象，而不是戀愛的對象。

婚姻也好，生育也罷，我都沒有明確選擇拒絕，而是一拖再拖，怎麼也走不出那種違和的感覺，以致於這封信也寫得拖泥帶水。就我而言，如果可以在增加婚姻靈活度的同時擴大婚姻之外的可能性，心態上也許就能輕鬆不少。但直到今天，每當我表示自己單身時，仍有許多人誤以為是某種堅定的思想促使我做出如此選擇。

2020年8月12日

鈴木涼美

我無法忍受將性和愛
置於權利和義務的關係之下，
與擁有和被擁有的關係掛鉤。

鈴木涼美女士：

上次的主題是戀愛與性。妳的性經驗應該比一般女性豐富許多。對妳而言，性究竟是什麼？性是否愉悅？妳是否有性慾？妳所定義的「舒服的性」和「不舒服的性」又是如何？即便不舒服也要繼續下去的理由為何？妳從性中得到了什麼？……我本想聽妳聊聊這些話題，妳都完美避開了。可能是因為這次的主題是婚姻，所以受到了影響。

我的本業是學者，所以常說「我販賣想法，但不兜售感覺」。然而在上一封信裡，我不惜破戒寫下了自己的「感覺」，甚至一反常態寫下了「身體的感覺」，這其實都是為了引導出妳的回答……希望有朝一日能聽到妳坦誠的回覆。

＊

這次的主題是「婚姻」啊。我對婚姻幾乎沒有任何興趣，反而好奇男男女女締結婚姻這一神奇契約（令人費解）的心態，以及這種契約關係絲毫不曾衰落、持續至今的事實。

上封來信之後，我收到了妳的新書《非．絕種男女圖鑑》（暫譯），萬分感謝。妳剛出道時的寫作風格表現出擁有一切的年輕女性，那無所畏懼、全速奔跑的模樣（我猜妳應該是刻意選擇了這種風格）。正如妳那本《擁有一切不等於幸福》（暫譯）帶有挑釁意味的書名所象徵的，妳出生在富裕的家庭，受過高等教育，踏進知名企業，還幸運地將碩士論文出版成書。不僅如此，甚至擁有了足以當AV女優的肉體與性魅力……但在短短的十多年裡，我感覺妳的寫作風格發生了變化，更像是因「情色資本減少」而導致市場價值下跌的近四十歲女人的自嘲。妳在書中提到，日本男人在社會上總是靠資歷說話，在評估女人的價值時卻「反對論資排輩」，看得我捧腹大笑。這個詞用得確實精闢。

為什麼日本男人理解不了經歷豐富、嘗過酸甜苦辣的成熟女性的魅力呢？為什麼在性產業上，沒有經驗、未經世故與生疏會擁有額外的附加價值？……連問出這些問題都顯得愚蠢。正如妳指出的那樣，關鍵就在於男人膽小如鼠，害怕女人拿自己和其他男性做比較，而這些心胸狹小的男人恐怕正是性產業的主要顧客。

這次的新書依然引人入勝，富有敏銳的洞察和優秀的文筆。然而，在這本盡是老生常談的書中卻找不到任何新的發現。讀後感不過三個字，煩死了。不是厭煩妳的文字，而是妳用文字所描繪的現實。現實本來就像書中描述的那樣令人煩躁，在書中再讀一遍，也只是煩上加煩。畢竟正如這本書的書名《非．絕種男女圖鑑》所示，這是一份關於「這類男女永遠都不會消失」的報告。也許妳那慣用長句、犬儒主義的風格很適合寫這種觀察世態的作品，但此類風格並不是萬能的，有些東西沒辦法這樣寫。如果妳在與我通信時呈現出了不同於平時的寫作風格，那應該也能藉此邂逅不一樣的自己。讀書是為了瞭解從未瞭解過的世界，看到從未見過的現實，並且品味這個過程帶來的歡喜與快樂。而寫作風格是創造新現實的必備技能。

話說回來，我在妳的信中發現了一件事。妳寫道：「現今的男性已經逐漸習慣與女性並肩工作，或是在她們的指導下做事，而他們似乎將女性簡單分成了三類：尊敬對象（老師與同事）、保護對象（妻子與女兒）、性對象（妓女和情婦）。」這令我略感驚訝。因為長久以來，常識中普遍認為，根據性的雙重標準，男人只會把女人的「用途」分為兩類：為繁殖服務的女人（妻子與母親），或為愉悅服務的女人（妓女和情婦）。原來還出現了第三種，即「同事（包括上司和下屬）屬性的女人」！這也許是因為職業女性有所增加，使女性出現在職場上變成理所當然。

至於妳隨後提出的觀點，我也非常認同，男人確實很不樂見女人在三種類別之間遊移。妳說「我總覺得男人是毫無惡意地給女人歸類，喜歡讓女人待在自己所屬的分類裡」。可他們豈止是沒有惡意啊，簡直是惡意滿滿。因為這正是針對女性的分別治理。妳寫道，只要女人待在讓男人覺得安心的分類裡，就會得到「尊重」，但這本質上並不是尊重。更準確的說法是，她得到的只是與其分類相符的對待。而且區分三種類別的優劣高低，還會讓女性互相對立與歧視，這正是分別治理的鐵律。誰知道有多少女性被這種狡猾的父權制度捆住了手腳，在「女人的敵人就是女人」的精神渲染下，被迫置身於無謂的對立之中。女人若是企圖越界，男人就會予以制裁，但與此同時，他們又會任意調整分類的標準，以便隨心所欲地貶低女人。

維持這幾種類別的界限符合父權社會的利益，結合父權職場的現狀便不難理解——他們不去想像或無法想像「同事屬性」同時也是「妻子或母親屬性」的女人。反之，為了貶低同事屬性的女人（在不恰當的語境下）而將其擅自歸為「性對象屬性的女人」，便成了性騷擾。在妳指出的三種分類中，第三類（性對象屬性的女人）的價值當然最低。照理說，妳只有當性對象的價值，但妳卻越界成了跟我平起平坐的同事，所以我要制裁妳——這就是職場性騷擾形成的機制。妳覺得這種天真而無意識地管理類別界限的行為，是沒有惡意的嗎？如果女人在這些類別之間自由移動，男人就會感到困惑。他們毫不懷疑類別界限的管理權在自己手中，這種態度就是所謂的「陽剛之氣」。

在半個世紀前，田中美津的〈從廁所開始的解放〉一文吹響了女性解放運動的號角，要求停止用「母親或廁所」給女性分類，藉此分別治理。這麼一想，情況並沒有太大改變。在鬼畜系[3]色情漫畫中發現「肉便器」這種表述時，我感到毛骨悚然。「母親」和「廁所」儘管有生殖與愉悅之差，但都是帶有女性的「性屬性」且為男

3 在次文化中，對於有著非人道性的、殘忍的虐待類內容的作品，常稱之為鬼畜系。

性所用的一面。而同事屬性的女人並沒有性屬性，這種類別的出現無疑是一種嶄新的現象。

《非・絕種男女圖鑑》提到了與妳同齡的近四十歲女性的生活現況。令我驚訝的是，她們的戀愛煩惱幾乎都可歸結到婚姻二字上。於是我冒出了一個單純的疑問：她們真的這麼想結婚嗎？日本女性的平均初婚年齡為二九・六歲（二〇一九年統計）。她們真是一過三十歲就感受到了「被剩下來」的焦慮嗎？我不禁想要吐槽一句，這真的不是在講脫口秀段子嗎？

這些年我發表過各種關於婚姻的文章與言論，想必許多人已經很熟悉我對婚姻的定義：所謂婚姻，就是將自己身體的性使用權交給特定且唯一的異性，為其終生專屬的契約。

雖然這句話是我寫的，但仍然覺得這個定義相當駭人。單從字面上都能看出來，這是一種多麼可怕的契約。我可沒能力遵守，遵守不了的諾言還不如不說。出於這個非常簡單的理由，我從來沒有做過這樣的承諾。然而，還是有無數男女前仆後繼地做出這種非人所能及的承諾，而且還是在神明之前。

參與拍攝松井久子導演的紀錄片《妳在畏懼什麼：親歷女性主義的女人們》（2014年製作）時，我說過這樣一句話：「性身體的自由對女性非常重要。」松井導演在採訪大致結束後，錄下這句話放在了片尾彩蛋中，後來又在精華採訪片段特別收錄了它。這大概是因為，我是片中唯一談起性的女性主義者。全國各地都舉辦了這部電影的放映會，但在映後座談會上，沒有任何一位來賓提到我的這句話。也不知道大家是想當作沒聽見，還是特別不想碰觸這個主題。

所以在接受「人為什麼會婚外情」[4]的採訪時，我特別想反問：「人怎麼能忍住不婚外情呢？」婚外情（出軌）這個詞本身也相當不可思議。如果妳不結婚，自然就沒有婚外情，所以只要別做出無法遵守的承諾就能解決。二戰前，通姦罪只適用於女性，戰後的民法矯正了這種片面性，規定男女平等。但每次看到媒體譴責明星出

4 收錄於龜山早苗《外遇的理由》，沐風文化，二〇一七年。

軌，我都會覺得非常荒唐。妳說媒體為什麼要報導這種事呢？我聽說過一個理由，說這類新聞有助於提高收視率。那就令人好奇了，真的有那麼多觀眾對別人的婚外情感興趣嗎？

正如我在上一封信裡所寫的，我們這一代經歷了浪漫愛意識形態的瓦解期。這種意識形態的目標是「愛、性和生殖在婚姻之下的三位一體」，戰前女性主義思想家高群逸枝對其做出了如下描述：婚姻圓滿了至死不渝的戀愛。

我曾用這句話在幾所女子大學做過測試，看看學生的反應是「哇（深受感動）」還是「嘔（嗤之以鼻）」（笑）。這個測試就像石蕊試紙，可以反映出浪漫愛意識形態是否延續至今。不同大學的測試結果各異，在某國立女子大學（一猜就知道），「哇」和「嘔」大約是五十比五十。而在某私立女子大學，「嘔」則占大多數。顯然不同的世代與階級有著不同的性規範。

*

我在上一封信裡寫道，戀愛可以教會我們「人無法擁有他人，也無法被他人擁有」。我不想擁有別人，也不想被別人擁有。當自主使用我的性身體時，我不希望有人來告訴自己「可以」或「不可以」這樣做；也不願想像自己之外的某個人擁有這麼做的權利。反之，我也不認為我有權利在別人行使性自由時加以指責。

我無法忍受將性和愛置於權利和義務的關係之下，與擁有和被擁有扯上關係。因此，沒有什麼比男人對女人說「我會保護妳」、「我會讓妳幸福」更令我反胃了。儘管我聽說，有些女性聽到這種話會感到心動。

在性革命時期，我曾預測事實婚姻將在日本越來越普遍。在我以社會學家的身分做出近未來的預測中，這算是相當不準的一項。站在《同居時代》一代[5]的角度來看，我原本以為選擇事實婚姻的日本人會像外國那樣日漸增加，可時至今日，本國登記結婚和開始同居的時間點依然大致相同，唯一的變化就是奉子成婚的數量略有成長。在歐洲，有了孩子也不登記結婚的情侶大有人在，所以日本的情況在已開發

5　上村一夫《同居時代》（同棲時代，暫譯）是一九七二至一九七三年間連載的漫畫，《同居時代》一代則指看這部漫畫長大的人。

國家中很不尋常。婚姻登記率確實有所下降，但這並不是事實婚姻增加所致，而是因為不結交伴侶的單身族變多了。實際上，有各種資料顯示，大量未婚男女表示自己「沒有戀人或正在交往的人」。

話說，妳在書裡提到的「交往」一詞也令人費解。這種關係是否意味著沒有法律上的契約，但雙方視彼此為穩定伴侶，互為專屬？

交往之前只能算是「床伴」，這時妳還可以隨心所欲，與任何人建立各種類型的關係。可一旦提出交往，就等於放棄了這種自由，轉而建立專屬的伴侶關係。而妳的女性朋友似乎都很渴望這種交往狀態。莫非她們寧可放棄自己的自由，也想得到約束對方、譴責另一半出軌的權利嗎？

有些畢業生要結婚的時候，總是戰戰兢兢地來向我報喜。而且沒有人邀請我參加婚禮，因為大家都認定「反正老師是不會來的」，但這並不意味著我不祝福他們。遇到一個合適的人，心甘情願與之構築穩定的關係，願意讓對方參與自己的人生，也願意捲入對方的人生……人活了一輩子，這樣的機會屈指可數。所以我會告訴他們「恭喜你遇到了足夠好的人，你很幸運」。

至於婚姻沒有消亡的理由……據我暗中觀察，那也許是充分認識到婚姻的脆弱之後的自我保護心態。如今的年輕人很清楚，無論他們在神面前許下多少誓言，婚姻都依然薄弱又易碎。時至今日，有三分之一的夫妻會以離婚收場。正如妳所寫的那樣，我也認為「這是因為婚姻之外的互助選項實在太少了」。

之所以用「定下來」或「解決人生大事」來描述婚姻，不僅是由於結婚能讓當事人順利嵌進社會的框架內，更因為大家普遍覺得結了婚便能獲得安全感和保障。就在最近，我聽說一位年邁母親留下年過五十的單身女兒撒手人寰，而她最大的遺憾就是女兒沒有結婚。依照女兒的年紀，恐怕無法指望抱孫子，但只要見證女兒結了婚，做母親的就能放心不少——大概那代人都對婚姻抱著如此強烈的執念。不過，我告訴那位女兒，遇到這種情況妳就跟媽媽說：「媽，現在結婚只會增加我的照護負擔而已。」

只要婚姻還是如此理所當然的習俗，結了婚的人就不需要回答「為什麼結婚」，唯有置身於婚姻之外的人會被反覆問及「為什麼不結婚」。在我看來，結婚才需要痛下決心，不結婚只是拖延做決定的結果罷了。所以，問那些做出決定的人為什麼結婚，似乎才合乎情理。

我選擇不結婚的原因之一，是不想用契約來束縛人際關係。說得再帥氣一點，也是因為我不想為自己的人生做任何形式的「保障」。儘管這種保障其實只不過是一張廢紙，根本靠不住，大家也見證了無數次，但還是有人想要抓住這根救命稻草。我倒也無意否定他們的想法。

*

話雖如此，婚姻不僅僅是浪漫愛意識形態的終點，也是家庭的開端。對家庭的渴望足以成為步入婚姻的動機。因為正如妳所指出的，同時也像我反覆強調的那樣，家庭是終極的安全保障。

無論人們如何頌揚社會資本中鬆散的人際關係網，妳都找不到比血緣更強大的社會資本。提出社會資本理論的林南是一名曾在美國求學的臺灣人。眾所皆知，即使華人分散在世界各地，他們也擁有基於血緣的強大互助網。

如果說人們結婚的動機是組建家庭，那麼，奉子成婚就是合理的。社會學家山田昌弘曾如此分析道：除了組建家庭，現在的日本年輕人沒有其他的結婚動機，而結婚率下降正由於組建家庭的成本太高，以致於人群分化成了兩種極端——「能結婚的人」和「不能結婚的人」。法律婚姻當然不是組建家庭的必備條件，但孩子必不可少。

最狹義的家庭即核心家庭，由性別二元關係和母子二元關係組成。即便去掉性別二元制，家庭仍可以維持，反之則不然。迄今為止，家庭一直是無法替代的社會再生產[6]制度，把無法再生產的單位稱為「家庭」不過是一種隱喻。

6　根據E. N. Glenn(1992)，社會再生產一詞用來指涉維持人們日常生活和代際之間的一系列活動與關係，即繁衍被資本家剝削的勞動力。再生產勞動包含採買家用品、煮飯、打掃、洗衣、照顧孩童與老人等活動。

妳似乎在與父親照顧患病母親的那兩年裡，切身體會到了這一點。使妳父母成為「家人」的，不僅僅是性的羈絆。正是因為有了妳這個孩子，他們的聯結才變得命中注定（當然，也有些夫婦無論生育多少子女都到不了這個境界）。沒有任何關係比親子更加命定，無法選擇。妳沒有選擇被這個母親產下，妳母親也沒有刻意選擇要生下這個女兒。在我看來，家庭二字之所以富有魔力，只可能是因為人們渴望這種無法選擇的宿命。

我和幾個男人同居過，每次都想過這個問題：「如果他因為車禍之類的事故而半身不遂，我會拋棄他嗎？」「即使他變成那樣，我應該也不會離開他。」也許直到某個瞬間，突然冒出了這樣的念頭，那時我便能感覺到：啊……我們已經是「家人」了。

妳和父親肯定也是在這種命運羈絆的指引下照顧著母親。而把妳生下來的母親應該也接受了無法選擇的羈絆，投入大量的精力和時間，將曾是無行為能力嬰兒的妳撫養長大。性的羈絆是可以選擇的，必要時甚至可以切斷它。血緣的羈絆卻無法選擇。如果這種羈絆可以主動選擇，自由地繫上或鬆綁……恐怕這種夢想稱不上解放，更像是一場噩夢。有利於自己的時候才是家人，苗頭不對就一刀兩斷……這種功利性的關係不能被稱為家庭，所以人們從來沒有捨棄家庭這個詞[7]。

身為一個沒有生過孩子的女人，我很遺憾不能在信中與妳探討為人父母的經歷，但妳仍處在有可能生育的年紀。

與結婚相比，生育對女性人生的改變更為劇烈。若問老婦人這輩子最難忘的事是什麼，妳會發現，很少有人回答未婚女孩無比嚮往的婚禮。最令她們感動的記憶，是第一個孩子誕生的瞬間。難道不是嗎？生育對女性人生帶來的改變，是婚姻所無法比擬的。

每個人都出生在家庭之中。我們無法選擇是否出生，但可以在長大之後選擇要不

7　在現實中，面臨危機的家庭可能會為了生存而拋棄不利於自己的成員。詳見上野千鶴子的《近代家庭的形成和終結》中的「家庭自我認同意識的走向」。

要組建家庭。我不認為結婚與否是個大問題。更能改寫人生的決定是，要不要透過生育來踏入「家庭」這無法選擇的羈絆。

我選擇不組建家庭，但這並不是那麼篤定的一次性決定。對女人來說，直到育齡期結束，這個選擇都將持續困擾著我們。我已經可以用過去式來討論這個問題了，但妳不能。我很想知道，在那個家庭出生長大的妳，有沒有在未來組建家庭的打算（話雖如此，還是不由得感嘆這個時代的艱難與淒涼，因為連這件事都是可以選擇，而不再是命中注定的了）。

2020年8月15日
上野千鶴子

Letter 5

認可欲求

性是可以出售的商品，
這對什麼都不是、沒有安全感
的年輕女人很重要。

上野千鶴子女士：

非常感謝您讀了我寄贈的書。我也認為，這是一本令人厭倦的書，裡面寫的都是煩人的現狀。在這個工具和資訊日新月異的時代，一切卻都似曾相識，沒什麼新的見解和變化，放眼望去，也盡是為老問題苦惱的人……這也是我取這個書名的深層含義。

正如您在上一封信的開頭指出的那樣，我確實對自己的戀愛和性談得不夠充分。之所以沒有就性深入探討，是因為我對性的認識還沒有掙脫過於刻板的定義，以致於沒有真正可以說的。此次的題目剛好是「認可欲求」，這倒是個好時機，可以稍微回顧之前的主題，好好地談一談。

在關於戀愛和性的那封信裡，我從「作為原味少女如何看待男性」的高中時代講起，說我基本上對男人已經感到絕望，認為不可能與他們建立嚴肅的關係。套著內褲自慰的他們是如此詭異，要和這樣的人相互理解、平等交流，簡直就是癡人說夢。正因為有這樣的經歷，我從來沒有認真對待過戀愛，導致母親說我「不把戀愛放在眼裡」。這些都是信裡提過的。

但就算無意面對戀愛，也可以擁有性體驗，正如您指出的那樣，我確實認為自己的性經驗比一般女性還豐富。對我來說，在很長一段時間裡，性是最不需要前期投資的商品。我高一那年開始去原味店打工，當時我還沒有任何性經驗，這意味著我在體驗到性之前，先經歷了間接的賣娼行為。後來，我因為不想繼續身為沒經驗的處女，就隨隨便便給出了初夜，這讓我一直以來都覺得，自己的性是可以換取某種回報的。

我體驗過的性可以大致分成兩種，一種是直接涉及金錢的性行為，比如AV與賣娼，另一種則是與男友和其他男人發生的無償性行為。可即便是後者的情況，我也從未想過享受性行為本身，而是一心想從中得到某些東西，不然就虧大了。為了爭取到更好的工作跟上司睡覺，為了往自己臉上貼金和名人睡覺，為了坐上女友寶座跟帥氣學長上床，為了過上優雅體面的生活和有錢人睡覺……我有這樣的欲望，卻從沒想過追求性本身的愉悅，也完全不覺得那是人們所謂「愛的行為」。

因此，我至今不覺得性舒服的標準在於「是否涉及金錢」。在我看來，性高潮不過是出於某種原因進行性行為而偶然產生的贈品，並不需要滿足某種條件或符合什麼原則。

您之前的回信中有這樣一句話：「『不過是性罷了』、『就這種程度的戀愛而已』……如果妳抱有這種想法，那回報也就這麼一點。」沒錯，確實如您所說。我一邊鄙視對方竟不惜為這種東西掏錢，一邊把性視為某種方便的商品，因為它怎麼賣都賣不完，永遠都留在我的手中。我一直不明白除了生殖器的收縮，快感還能有什麼意義。

因此，無論是家庭主婦與丈夫締結專屬的性關係、永久地將性交給對方，以換取經濟保障的做法，還是《JJ》[1]女學生們將自己的性包裝成高級商品後，把使用權

1 七〇年代開始發行的女性時尚雜誌，雜誌名取自日語「女性自身」（Josei-Jishin）的縮寫，雜誌主要介紹取悅男性的穿衣打扮風格，受眾是女大學生。

交給別人，以期透過婚姻來實現階級跳躍這類行為背後的價值觀，以及她們認為與丈夫的性生活是「無盡的痛苦」這一點，都能令我產生親切感。我就是覺得失去自由的生活，似乎比被稱為蕩婦還要更痛苦，所以寧可用兩個小時的性行為獲得相應的回報，也不要交出性的長期使用權來獲取巨大的安全感。考慮到婚姻的代價對自己日常生活的侵蝕程度，單次的性還是方便許多，畢竟它能與日常生活剝離，暫時作為商品來出售。

十多年來，我一直在利用性的這個特點，哪怕是「不舒服的性」也要堅持下去，這是因為我認定自己可以從中獲取某種東西。換個更準確的說法，「可以透過一次性行為獲得一些東西」這個事實本身，對年輕的我來說非常重要。自己的性是有價值的，而且我可以隨隨便便浪費、糟蹋這種有價值的性——讓我「感到舒服」的，就是這種幻想。

自己的性是可販售的商品，這個事實剛好能夠充分滿足還什麼都不是、沒有安全感的年輕少女那容易應付的認可欲求。不斷地定義自我的價值需要勇氣和精力，以及知識和學習，但被他人物化時的標價，卻無關乎自身的努力。只要化個妝，穿上能勾起男人性慾的衣服，就可以輕鬆抬高價格。只需要一點點的投資，就能輕易感受到自己和身邊其他女人之間的價格差異。即便用低廉的價格把自己賣了，也可以換個售價再賣一次。男人甘願為性行為支付血汗錢，自己卻能以同樣的行為獲得報酬。因為可以隨意糟蹋性，於是面對那些小心翼翼保管著性的女性，就能產生一股優越感。

廣義賣娼性質的性行為不需要磨合雙方的語境。對買方而言，我是一個方便的廁所，是稍微花點小錢就能隨意擺布的性對象。而對我來說，買方就是個可悲的傢伙，不掏錢就無權和我上床。即便如此，我們在語境脈絡不一致的前提下，只要互相應付兩個小時就行了，也不至於遇到戀愛性行為中常有的問題，爭論「我是這個意思」和「我不是那個意思」。男人以為自己買的是我對性的自我決定權和自由，而我以為我賣的是時間和無足輕重的行為。即使雙方買賣的不是同一件東西，生意照樣能做。乍看之下，甚至呈現出雙贏的局面。

部分女性對他人的賣娼行為感到不快，一心想要根除。我覺得其中之一的原因是她們認為男人仍然保留了他們的片面幻想而沒有受到任何挑戰，這會對社會產生危害。她們的觀點非常正確，男人就這麼拍拍屁股走人，誤以為能靠自己的力量對女人為所欲為，決定女人的價值。但以這種方式開始的賣娼行為，也為如我當年那樣年輕的女性提供了輕易滿足欲求的管道，在這樣的情況下，買賣雙方認知不一致，似乎並不是什麼大問題。

在我看來，人們掛在嘴邊的所謂戀愛本來就很牽強，因為一方是透過少女漫畫學習戀愛的女人，另一方則是從AV學習性的男人。這樣的兩人要在各自的脈絡下「分享」同一個空間，想方設法將對方拉進自己的語境，這未免也太強人所難。您在信中以《死之棘》為例，指出「在戀愛這種遊戲裡，女人和男人的賭注從來都不對等」。對我來說，那豈止是不對等，根本是完全不同。AV中的女演員是男人的玩具，但在少女漫畫中，愛情是滿足認可欲求的唯一工具。您說我在書裡經常提到的「交往」一詞令人費解，而在少女漫畫中，交往意味著戀愛的圓滿實現，平凡的我將因此成為特別的我，所以渴望與人交往的女性想要什麼也就不難想像了。

走過一個世紀的少女漫畫也日趨多樣化了，但有一點卻絲毫不見改變，那就是：戀愛至高無上。它是讓人變得特別的契機，也是滿足認可欲求的機會。它以浪漫愛意識形態為基礎，在與世隔絕的虛擬世界中，演化成了與現實戀愛似是而非的東西，其結構類似於男人愛看的超級英雄故事，好比「被蜘蛛咬了的人突然變成蜘蛛人」。即使浪漫愛意識形態已經崩解，少女漫畫仍然由女性作家繪製，再由女性讀者消費。我書中的人物之所以渴望交往，大概也是因為她們在少女漫畫中體驗到了強烈的自我肯定感，卻無法在其他地方找到足以超越這種感覺並滿足其認可欲求的故事。

我能切身感覺到情況正在慢慢改變。二〇〇四年，酒井順子的《敗犬的遠吠》攻上暢銷榜。在那個年代，無論社會上有多少出色的女性，無論她們在其他領域得到多高的評價，如果沒有在婚戀方面取得成功的，一律都是「敗犬」。當事人對這個書名肯定很有共鳴。雖然只經過了大約十五年，但我感覺現在的大環境已經不太一樣。是不是因為出現了越來越多工具（比如社群媒體），使我們能夠在不牽涉性或愛的情況下獲得他人的認同？如果認可欲求的目標從戀愛切換成了Instagram上的愛心數，那後者恐怕比賣娼更即時，而且更容易與他人比較，人們對此的依賴性也更高。

總而言之，有人信奉戀愛至上主義，找到真命天子，為戀愛畫上圓滿的結局；有蕩婦透過成為許多人慾想的對象而感到充實；有妓女因為靠性換得報酬而得到滿足。這就是我在二十多歲時和許多女性粗略探討「戀愛和性」的感想。

戀愛可以滿足認可欲求，為自我實現和自我認同創造一切必要的條件。在戀愛關係中，一方渴望戀愛，另一方渴望擁有女人並滿足性慾，兩個欲求不同的人透過另外的共同目標——生育後代——勉強實現了共存。在我看來，這樣的戀愛非常費事。但我在性中所追求的東西，或許也與少女漫畫主角在戀愛中追求的東西相似。儘管回報很小，隨之而來的認可卻會在一夜之間消失殆盡。

然而，如果您問我是不是仍然認為，性行為是出賣性並獲得報酬的管道，我的回答是：這種感覺好像在不知不覺中消減了。不知道這是因為我察覺到自己的性市場價值正在下跌，於是開啟防衛本能，捨棄了這種感覺，還是因為我現在不必出賣性，也能得到以往用性換取的某些東西。您在信中提到，許多所謂的慕男狂在人生晚年把性愛合一的極致稱為「最美好的性體驗」，但我至今仍不曾有如此清晰的感受。我依然不明白什麼是「舒服的性」，又何謂「不舒服的性」，尚未走出「無論舒不舒服都要做愛的性」。

如果說有什麼變化的話，那就是年過三十以後，我第一次在自己身上找到了疑似性慾的東西。以前的「我想做愛」顯然是「我想讓人認為我想做愛」，但現在這種欲望似乎變得更直接了一些。

不過，我曾有機會與一些在熟女風俗店、熟女酒店工作的女性交流，她們大多已婚，在家中幾乎沒有性生活。「我想確認自己作為女性還能在第一線活躍」、「我希望別人當我是個女人」、「我想證明自己作為女性仍然有價值」……她們如此說道。中村兔女士這樣形容，她之所以做外送茶女郎[2]，是因為在牛郎俱樂部沒有以女

2 風俗業的一種，沒有實體店面，而是由性工作者前往客人的住處或酒店。

人的身分勾起男人的性慾，所以想重拾因此而喪失的自信。即使在性產業的價值隨著年齡增長而下降（甚至可以說是正因為價值下降了），透過性和賣娼感受自身價值的快感可能也不會消失。從這個意義上來看，我的賣娼欲是有可能上升的，目前大概正處於這種狀態。

儘管對性的直接欲望增加了，但自己內心深處的某個角落仍然覺得男人詭異而可悲，會在原味店花錢買內褲套在頭上，把泡泡襪纏在脖子上。也許正是如此，儘管我認為那些公開反對男性統治的年輕女性大有可為，但同時又無法百分之百地贊同她們，總有種「跟男人說什麼都白費力氣」的感覺。

其實我個人認為，之所以很少與日本男性上床或戀愛，也許是因為這樣能暫時解開我的心結——我想做愛，但不想在和原味店大叔對等的關係中追求肉體的愉悅（只是我平時很少提起這些）。我更傾向認定，在外國長大的外籍男性與愛好原味店和AV的大叔不同，即使無法相互理解，也能夠輕易接受，而不會感到絲毫絕望。還有一點，會做愛的日本男人真的百年難得一遇，可能是因為這一代人把日本

AV當作學習性的工具，造成他們會射精卻不會做愛。儘管用賣娼滿足認可欲求的時候，這類人又是非常合適的對象。

放眼世界，據說日本是性滿意度最低的國家之一。典雅公司[3]的一項問卷調查曾引起媒體熱烈討論，其中有一個問題是「做什麼事最能讓你感到快樂？」，大多數國家的受訪者選的是「做愛」或「與愛人共處」，日本人卻不然，排名第一的竟然是「享用美食」，而且遙遙領先（在十四個選項中，做愛排名第五）。莫非是很多日本人本來就不太喜歡做愛嗎？不過，而我自己外出旅行的時候也是先找美食，然後才輪到男人。

然而，也許正因為我沒有經歷過那種雙向滿足的性，所以透過性得到的愉悅很少，也沒有體驗過舒服的性。看完您的信，我不禁心生羨慕，也不知哪裡有足以讓雙方「充分學習自己和他人」的好男人，不知道這種人是努力找到的，還是自己培養出來的。現階段，我仍然只能與高度重視性的國家的男人發生性關係，藉此確認

3 日本一家售賣男性自慰用品的公司。

自己的性慾。也許對我來說，戀愛遊戲與性仍是一片未知的領域。您在婚姻那回主題中，問我將來是否有組建家庭的打算，我的回答仍然和二十歲時一樣，「想試試看，但又覺得自己沒那個本事」。不過我確實認為，當下的社會環境讓人很難想像不組建家庭的話，將以什麼樣的方式死去。

本想從性切入認可欲求這一主題，結果發現我只要試圖寫性，內容就幾乎圍著賣娼打轉。寫戀愛也好不到哪裡去，最終寫出來的也不過是與戀愛似是而非的東西，以致於整封信的內容顯得非常鬆散。您會批判男人的思維，卻不蔑視男性，也沒有對他們感到絕望，看來我還有很多地方要向您學習。

2020年9月11日

鈴木涼美

讓我感到不可思議的是，
擁有眾多可利用資源的妳
竟有層層反轉的
自我意識與自尊。

鈴木涼美女士：

收到回信。十二個月的主題大綱確實已經事前決定好，妳似乎也規規矩矩地照著大綱走。其實我完全不介意妳偶爾離題或者無視當月的主題，畢竟那就是一份備忘錄而已。不過，把「認可欲求」排在戀愛與婚姻後面倒也相當連貫。妳的回信解開了不少疑惑，我感覺我們的對話越來越契合了。

妳或許不樂見我在信裡提到妳的家人，不過令尊鈴木晶先生不久前寄贈了《愛的藝術》的新譯本給我。我讀過埃里希·佛洛姆的《逃避自由》，卻沒有讀過《愛的藝術》。許多讀者稱之為枕邊書或改變人生之書，我卻一直繞開了它，問題也許出在日文版那玄妙的書名[4]上。它的初版發行於一九五六年，懸田克躬的日譯本於一九五九年出版。我年輕時就接觸到了它，只是年少氣盛，覺得不需要一個大叔來教我什麼是愛吧。

但直到看見原書的書名時，我才大吃了一驚。原來是*The Art of Loving*。鈴木晶先生則將其翻譯為「愛的技術」。第一章是「愛是一門技術嗎？」，第四章是「愛的實踐」……哦，如果是技術，那確實需要學習與掌握。我想起柳田國男在《明治大正史・世相篇》寫了一章為「戀愛技術的興衰」，當時這本書被列入指定參考書目時，還引來一些女學生的不滿。照她們的說法，這是對神聖戀愛的褻瀆，戀愛是毫無徵兆「墜入」的東西，談何「技術」，更不存在「興衰」，肯定是少女漫畫看多了。容我補充一下，我說的是八〇年代的女學生，她們可能是最後一批被浪漫愛意識形態洗腦的人。三十多年過去了，五十多歲的她們還會看著Netflix的《愛的迫降》心生蕩漾嗎？要知道，她們這些年連滾帶爬，已經深刻認識到現實世界中找不到這樣的「愛」。

佛洛姆要反駁的，正是「墜入愛河」這種想法，即認為戀愛不需要技巧或練習的態度。讀完全書之後，妳會發現，佛洛姆所謂的戀愛是一種說起來容易，做起來難，學起來也難的事。如果我們把原書名中的Art翻譯成「藝術」而不是「技術」

4　日語版書名為《什麼是愛》（愛するということ）。

呢？技術會讓人聯想到技巧或使用說明書。藝術也需要技術和實踐，但更包含了超越這兩者的元素，而且這些恐怕無法教授或學習，只能透過自身經驗去領會。

讀完佛洛姆之後，我對書中的好幾處都產生了共鳴。他區分了性和愛這兩個本就該區分的東西，非常令人信服。他認為性障礙（性冷淡）的原因，並非源於不瞭解正確的方法或技巧，而在於情感上的壓抑使得他們無法愛人，是「對於異性的恐懼或憎恨」阻礙了這些人「沉浸其中」（並因此高潮），這與我在第三封信中圍繞高潮展開的論述相吻合。有些書專門面向與伴侶做愛時無法達到高潮的女性，介紹了各種性技巧和陰道保健操，但我的建議很簡單：比起這些，不如乾脆換個對象？……然而，正因為她們換不了，才會有無止盡的煩惱吧（笑）。

除此之外，書裡還有不少值得傾聽的觀點。比方說：

「愛是一種積極的行動，而非被動的情感，它是主動『站進去』的行為，而不是盲目『墜入』的情感。」「本質上，愛是將自己一生完全託付給對方的決斷行為。」「人只有自由，才能尊敬人。」「愛的能力，是以獨處的能力為前提條件。」

我覺得這些觀點都很有道理，因為我是過來人。所以在此年紀讀這本書，能夠理解的深度應該和年輕時有極大的不同。佛洛姆稱愛是一種技術，但他又說「愛是個人的經驗，你除了自己去體會，沒有別的方法可以經驗到它」。就好像我們無法教會一個沒體驗過高潮的人，什麼是高潮。他批評佛洛伊德是十九世紀的德國父權主義者，筆鋒犀利而精準。他對母愛的分析也很有說服力。

「要讓子女明白什麼是愛、什麼是歡樂、什麼是幸福，最好的方法是有一位自愛的母親愛他。」這也是沒有成為母親的我一直以來對那些成為母親的女性的贈言——「不做一個幸福的母親，就不可能幸福地養育孩子。」

譯者肯定最希望他的女兒，也就是妳能讀到這本書。先別嫌它是男性說教（儘管有些部分確實有說教意味），不妨讀讀看嘛。

佛洛姆重點論述了「愛」與「被愛」的區別。「被母親所愛的經驗是被動的，我無須做什麼以期得到母親的愛——母愛是無條件的。我所需要做的，那就是——活著，並且做母親的孩子……得到母愛無須努力獲取，也無須什麼資格。」

這是多麼「至高無上的幸福」啊。失去雙親時，我感覺自己徹底失去了單純因我的存在而喜悅的人。

但佛洛姆提到，孩子必須從理想化的母子關係中破繭而出，置身於父愛這種「有條件的愛」之下。在現代社會，母愛似乎也正在演變成一種有條件的愛。在我任教的東京大學，見證了孩子們堅強地回應這種有條件的愛，最終或成功或失敗。

*

回應有條件的愛，就可以換得認可欲求的滿足。如果把有條件的愛換成性慾呢？只有回應對方的欲望，自己才會被賦予價值。這種「價值」體現為資本主義社會中最簡單易懂的財物，也就是貨幣。貨幣具有流通性，可與其他財物交換，而且可以計價，可以排序。對自己的「定價」變高，就會誤以為自己的價值上升了，這種市場價值的波動妳應該最清楚不過。

妳在十多歲的時候，便已經知道性可以換來金錢，意識到自己擁有可利用的財物，而那種欲望的市場建立在男人的性慾，還是最醜惡低級的性慾之上，這也許確實不幸。於是妳對這群有著怪異欲望的人感到絕望了，認為「跟他們說什麼都是白費力氣」。原味少女和援交少女以這種方式提供她們僅有的財產，來換取廉價的認可。如此想來，投身性產業的女性又豈是特例，夜晚在鬧市區遊蕩、期待有某個「神明」收留自己過夜的少女，大概也在尋求同一種認可。天真的少女覺得別人對自己好，就要以性作為回報，這與為自己標價、跟男人討價還價只有一步之遙。因為性產業就建立在這種有條件的愛之上。

不過，許多學者長久以來認為，透過成為性對象來滿足認可欲求是低自尊女性的專利，她們幾乎沒有獲得認同的其他方式。一直以來的討論也認為，女性的低自尊是嚴重厭女社會下的產物。那些除了勾起男人性慾外，就沒有其他存在價值的女人努力在性交易市場上為自己開出高價，而男人大力實踐厭女，用性騷擾提醒女同事和女下屬：「除了勾起我的性慾，妳沒有任何價值」。這就是為什麼在回應性騷擾或色狼的指控時，男人可以做出充滿侮辱的反擊：「少往自己臉上貼金了，誰會碰妳這樣的醜女？」

讓我感到不可思議的是，妳的自尊並不低，而且完全不必出賣性價值，也可以利用其他資源來滿足認可欲求（按阿馬蒂亞．沈恩的說法，妳的可行能力很高），但妳竟然和進入性產業、參與援交的女性採取了同樣的行為。在我看來，其中似乎有層層反轉、扭曲的自我意識和自尊在發揮作用。而妳回信中的這句話將這一點體現得淋漓盡致。

我的性是有價值的，而且我可以隨隨便便浪費、糟蹋這種有價值的性——讓我「感到舒服」的，就是這種幻想。

男人甘願為性行為支付血汗錢，而自己卻能以同樣的行為獲得報酬。因為可以隨意糟蹋性，於是面對那些小心翼翼保管著性的女性，總能產生一股優越感。

妳還說，「自己的性是可販售的商品，這個事實剛好能夠充分滿足還什麼都不是、沒有安全感的年輕少女那容易應付的認可欲求。」身為「沒有安全感的年輕女人」一員，可以隨意糟蹋在他人看來有價值的性——這個特權肯定反過來滿足了妳的自尊心。再加上母親的禁止並且厭惡到極點這層禁忌，扔進陰溝的性，就顯得更有價值了。

在《厭女：日本的女性嫌惡》中，我用兩章的篇幅談論了東電女職員[5]，她扭曲的菁英意識似乎與妳的心態有共通之處。她透過刻意賤賣本來沒有必要賣的東西，給理應被唾棄的貧賤男人的性「標價」。最終，她的性下跌到兩千日元一次，而這其實是她給男人標的價格。只有女性讀者才能理解其中的微妙之處。

5　一九九七年一名女性被人勒死，兇手至今未知。這位女性白天是東京電力公司的中層管理幹部，夜晚則上街賣娼。

我曾因機緣巧合與現在備受關注的人類學家小川彩香對談過一次。她是一位極具個性的田野工作者，出版了一本引人入勝的書，名為《重慶大廈的老闆都知道》（暫譯），一舉拿下今年的大宅壯一非虛構文學獎和河合隼雄學藝獎。經她介紹，我讀了一篇她的研究生寫的論文，主題是非洲迦納的乾爹（Sugar Daddy）[6]。Sugar Daddy／Sugar Mummy這個說法確實巧妙，相當於日語中的「爸爸活／媽媽活」，前者指年輕女性與有一定經濟實力、比自己年長許多的男性建立長期的有償性關係。男方似乎以已婚者居多，但迦納社會的不成文法律允許一夫多妻，因此，被包養者（Sugar Baby）最終有可能與乾爹結婚。

這篇文章的作者小田英里寫道，這種包養關係是「有可能通向婚姻的戀愛關係」和「以性換取金錢財物的功利性交換關係」的延伸。這麼說起來，日本不也有援助交際和情婦庫[7]嗎？在「援助交際」一詞登上歷史舞臺的時候，我不禁讚嘆，因為它巧妙地為男性開脫了罪行。女孩們則簡單地稱其為「賣」（取賣娼之意）。不過，迦納的乾爹並不等同於世界各地都有的少女賣娼，因為當地社會似乎普遍接受和認可這種做法。

這種關係被稱為「交易性行為」（Transactional Sex，也可以翻譯成「作為經濟行為的性行為」），根據文獻，坦尚尼亞八〇％的十四歲至十九歲女性，和烏干達九〇％的十五歲至十九歲女性都有這種經歷。

交易性行為不僅包括「你請我吃飯，我陪你上床作為回報」的一夜情，還可能包括「與給妳打高分的老師保持長期關係、與暗示要給妳好處的客戶之間的關係」，甚至包括「締結專屬契約以換取生活保障的情人關係」。以今日背景來看，這些行為會被歸入「有償性騷擾」的範疇，但參與其中的當事人不認為這是賣娼，更不覺得是性騷擾，她們似乎是心甘情願投身於其中。

在非洲社會，婚姻等於換取聘禮的觀念根深蒂固，有償性行為在社會和道德上也被接受，於是產生了一種價值觀，認為——以性行為換取財物是「女性的權利」，男性與女性發生性行為卻不給她們財物就等於「搶劫」。甚至有人說，女性同意發

6　小田英里〈迦納城市中的包養關係〉，Core Ethics Vol.15，立命館大學大學院前沿綜合學術研究科，二〇一九年。

7　為富人和有意成為情婦的女性牽線的服務。

生性行為卻不換取財物是缺乏自尊的表現。交易性行為讓從事這種行為的女性，體驗到對性的「自主感」，以及對男性的「控制感」和「力量感」。

這並非心理錯亂。一位在京都研究藝妓的美國女性人類學家[8]也發現，藝妓有強烈的自主意識。即使有靠山，她們也不會平白以身相許。這種自尊心甚至轉化成了面對有夫之婦的優越感，因為她們在經濟上只能依賴丈夫。對這些女性來說，「免費給人睡」才是貶低自身價值的行為，愚蠢至極。

我們也不能以東方人的視角，覺得非洲就是這副樣子。義大利女性主義者喬凡娜・弗蘭卡・德拉・科斯塔在《愛的勞動》（暫譯）中指出，妓女的尊嚴就在於「不白白讓男人上」。與之形成鮮明對比的是，妻子的性是無償勞動、得不到應有的報酬。那篇論文還提到迦納的女孩，為了攢錢參加週末的閨密聚會而進行有償性行為，而我從日本的少女那裡也聽過如出一轍的事。

在全球化浪潮下，非洲社會也捲入了世界的市場經濟。從某種角度來看，我們可以說女性的個體化程度提升了，畢竟交易性行為的報酬是支付給女性本人，而在過去，結婚時收的聘禮則歸女方親屬（父親）所有。即使女性將報酬轉移給在老家幫她照顧孩子的父母，這種交易也是個人層面而非親屬層面的。交易性行為不能被稱為性騷擾或性暴力，因為在其中起作用的是女性個人的能動性，而不是父母或家族把女兒送出去。但這就像傅柯所說的，權力內化的結果是讓行為看似是自主的，而非強迫。這就好像儘管相親結婚減少了，自由戀愛的婚姻增加，婚姻市場上的配對情況卻依然沒有太大變化（對象不是父母選的，但當事人自己選的伴侶和父母選擇的差不多）。

迦納與日本的不同在於，交易性行為是否在社會和道德上被接受。非洲的父母知道女兒在做什麼，女兒也不隱瞞，這似乎也不會成為他們婚姻或生活的恥辱。既然如此，那日本也如法炮製不就好了？……等等！別忘了，「性對女性來說是經濟行為」的社會，建立在壓倒性的性別不對稱上。這樣的社會，被稱為父權社會。

8 出自麗莎·戴比（Liza Dalby）《我在京都當藝妓》（*Geisha*，暫譯），一九八三年。

交易性行為對男人來說是「性行為」，對女人來說是「經濟行為」，雙方交換的東西並不等價。這種不對稱交換得以成立的條件是，包括經濟、權力、特權、認可在內的所有資源都（不平均地）分配給了男性群體。劣勢玩家被迫回應有條件的愛，以尋求經濟報酬和社會認同，因為他們別無選擇。學者將交易性行為稱為求生性行為，也是點出了其中的真相。

在交易性行為之下還有一個類別，稱為「消費性行為」。求生性行為和消費性行為（讓人想起當年的援交少女）原本是學者用於分類的解釋，但它們往往會遭到當事人誤用和挪用（這也是常有的事）。論文中就有一名提供資訊的當事人，將消費性行為理解為「性交易本身就是目的」的自我滿足行為，而不認為性交易是換取金錢，以購買其他消費品的手段。站在當事人的角度，這樣分類確實更符合實際情況。這就相當於我們耳熟能詳的「恩客」和「情夫」、「靠山」和「男朋友」之間的區別。她們不向後者索要回報，這意味著她們不惜「愚蠢地」提供免費的性，也要違背性交易的市場原理。

從文化相對主義的角度來看，我們不能說非洲的道德水準低下。已經實現性工作合法化的荷蘭和德國，正致力於讓性交易去汙名化；而小田女士介紹的非洲，則展現了邊境市場經濟[9]與傳統社會價值觀結合的背景下，其中女性的生存策略。在累積一定資源之後，女性會不會搖身一變當起「乾媽」呢？那樣和牛郎俱樂部裡揮金如土的女性又有何不同？

在市場上用性換取經濟回報……所謂市場，不就是這麼一回事嗎？將一切都變成商品到不留任何餘地的，不就是資本主義嗎？——我不認同這種虛無主義。資本主義創造了一個自由勞動者（除了出賣自己的勞動力，沒有其他生存手段的工資勞動者）所組成的勞動市場，但他們的自由是受限的。勞動者可以與資本家簽訂自由的契約，然而成為債務奴隸的自由卻是被禁止的。比方說，你無法將自己作為債務的抵押品，「不還錢就淪為奴隸」的契約在現代法律中無法成立。買賣身體部位和器官也是類似的道理，買賣胎兒與販賣兒童也同樣無效。現實世界中，確實存在可以買賣器官的黑市，也有以代理孕母的名義買賣胎兒的市場，這都是無限接近違法行

9　常是指發展中國家裡，較不發達的資本市場，其開發程度比新興市場低，市值跟流動性相對也較低，但具有未來投資潛力。

為的灰色地帶。換句話說，在資本主義之下，可以交換的東西是有限制的，並不是所有東西都可以成為商品。性作為一種對身體的侵犯行為，也處於這個灰色地帶。

＊

接著，說回認同吧。社會認同最明顯的標準莫過於金錢。但聽說男性自我效能感（通俗地說，就是「本大爺天下第一」的意識）的首要指標是賺錢能力時，我被他們的單純嚇得說不出話來。女性的首要指標大概是婚姻吧，身處同性友愛社會中的女人會搶奪所謂的指定座位，而如此難以放棄「正妻地位」的原因恐怕不只是源自於經濟上的依賴，更多是害怕失去這種社會認同。這就可以解釋「男人願意為自己花多少錢」何以成為衡量認同的指標。

我不記得妳是不是在某篇文章裡提過，曾經有個男人願意一晚上為妳花掉一百萬，這件事給了妳尊嚴，成為妳日後人生的精神支柱。

要談談讀完那一段的感想，我想引用一下《彆扭女子》的文庫版解讀。那篇解讀是彆扭女子熱潮的領頭羊雨宮麻美親自請我撰寫的。

別為了一點小錢脫下內褲。別對不喜歡的男人張開雙腿。別因為男人的奉承就在人前脫光衣服。別誤以為在人前脫光這種小事會改變妳的人生。別為了得到男人的讚賞當著別人的面上床。別因為某個自私的男人對妳心生情慾就得意揚揚。別靠男人給的認可活下去。別用笑容回應男人的麻木不仁。別壓抑自己的情緒。以及……別再輕賤自己了。[10]

妳的父母親肯定與我有同樣的感受。

說起來，女性主義一直主張的就是「我不需要男人的認可也能做我自己」，我的價值由我創造。眼看著年輕女性研讀「斬男桃花妝」和「斬男穿搭」的指南，為了踏上以婚姻為目標的交往機會而眼紅，我是真心感到可悲。難道女性到今天還無法

10 上野千鶴子〈彆扭女子的當事人研究〉，收錄於《發情裝置（新版）》，岩波現代文庫，二〇一五年。

靠自己的力量獲得認同嗎？

最後，還是以《愛的藝術》作結吧。顧名思義，認可欲求是一種被動的欲求，即「想要被認同」和「想要被愛」。而佛洛姆明確指出，愛是一種積極主動的行為。而積極主動的行為正是自主的證明。

如此一想，世間最有意義的行為不正是不求回報的付出嗎？這種行為的回饋不來自他人，而是源於我們自己。

2020年9月21日
上野千鶴子

Letter 6

能力

爲了得到憐愛與尊敬，
AV女優和高學歷的頭銜
我都需要。

上野千鶴子女士：

您上個月的來信從佛洛姆的《愛的藝術》，談到交易性行為問題，其中包含了許多我非常感興趣的部分。我倒也不打算完全按既有的大綱走，您提煉的思路為對話的發展增添了新的輔助線，我今後也想試著活用它們。

佛洛姆的那本書我粗略翻過，不過是一九九一年的舊譯本。父親也給我寄來了新版，於是我重讀了感興趣的地方。

佛洛姆分別論述了父愛（有條件的愛）和母愛（無條件的愛）。您指出「在現代社會中，母愛似乎也正在演變成一種有條件的愛」，對此我非常認同。甚至覺得在父權因子相對落後一步的情況下，母愛的條件反而越來越強烈了。

我以前讀這本書時，比較在意的是佛洛姆提出的母親與父親概念，是否與他作為一個男性有關。當然，佛洛姆自己解釋道，他提到的母親和父親其實是在「論述以母親和父親的形式表現出來的母性與父性原則」。但他分析親子之愛時沒有提到孩子的性別，這讓我覺得有些不太對勁。因為我自己是女性，與母親的性別相同，而這恐怕是決定我們母女關係的重要事實之一。

我在上一封信裡提到，糟蹋自己的性滿足了我年輕時的自尊心。而您補充道，這是母親禁止並厭惡到極點的事。我一邊讀您的回信，一邊思考著這一點。也許對我而言，母愛本該是無條件的，但我懷疑它是不是真正發自內心的無條件。因此，我把母親身為女性引以為傲並長期堅持的東西扔進陰溝，變成她最厭惡、絕對不想成為的模樣，一心想看看她的愛有沒有「最低限度的條件」。

佛洛姆寫道，無條件的母愛也有消極的一面，因為「這種愛不需要任何資格就可以得到，而且想創造也無法創造，想控制也無從控制」。把廉價的性當作商品，似乎也是為了解決心頭的煩悶。或許我是想嘗試得到或控制這份愛，去探究它是否真的無法得到或控制，又以幼稚拙劣的手段試著「失去它」，以試探我是否真的能夠沒有它。

毫無疑問地，性產業與夜生活世界建立在有條件的愛之上。它比無條件的愛更好控制，讓人誤以為我們可以根據自身的不足或不滿，掌控想要得到的認同。透過改變尊嚴的擺放位置，暫時感受到自己的價值。

在日常生活中，已經很少有人會直接發表歧視風俗女的言論。與美國相比，對性工作者的暴力（包括來自警察的性暴力）或無視其人權的情況在東京很少見，相反地，她們受到的侮辱和歧視，往往來自將尊嚴擺在不同位置的女性同行。與社會分裂的她們，並沒有在其中孕育出團結的力量，反而產生了更激烈的斷裂和歧視情緒。做外送茶的看不起泡泡浴女郎和飛田[1]的性工作者，因為後者讓男人幹到最後；泡泡浴女郎輕視被包養的女孩，覺得她們缺乏專業意識；酒店陪酒小姐則瞧不起提供性服務的風俗女——這些景象在她們出現的時間重疊的牛郎俱樂部裡，經常可以見到。

我進入夜生活世界的時候，多少抱有著一些追求自由的心態。置身於一開始就偏離

1 指飛田新地，為大阪紅燈區，可進行插入行為。

了社會道德與規範的行業，賣不該賣的、扔不該扔的東西……對年輕的我來說，這種感覺似乎是奢侈而自由的。然而，在那裡待了一段時間之後，卻察覺到這種自由十分受限，而且附帶某些條件，興致便漸漸減弱了。明明大家的遭遇類似，肯定也很渴望互相傾訴，卻因為自尊擺放位置的微小差異而彼此看不起，這幅景象讓我認識到，在這裡獲得的全能感和認可是多麼脆弱。

透過「不白白讓男人上」而獲取尊嚴的「乾女兒」和藝妓的自尊心也不例外。當年，在政府審議《賣春防止法》時，溝口健二的電影《赤線地帶》將鏡頭對準吉原，講述了一個妓女渴望成為家庭主婦的故事。這名妓女好不容易贖了身，嫁了人，卻被任意驅使，還沒有任何報酬。最終，她厭倦了這種毫無自由的生活，回到了無拘無束的紅燈區。我認為在從事性產業的女性中，對家庭主婦的蔑視至今仍根深蒂固。

看了您的信，我才知道迦納也有「乾爹」這個詞。許多美國和臺灣的朋友跟我分析日本的情況時也會用這個詞。在他們的認知裡，這個詞指的似乎是日本年輕女性散漫的賣娼行為，也就是所謂的「爸爸活」或援助交際。一位家住洛杉磯的臺灣熟人告訴我：「我交過一個日本女朋友，但後來發現她有乾爹，拿錢跟人上床，好像也沒有要金盆洗手的意思，於是我就和她分手了。我知道對日本的女生來說，找乾爹似乎很常見也很隨意，不過我還是對此難以理解。」

在我看來，曾經的援助交際和現在的爸爸活之所以能輕易地被大眾所接受，是因為在交易性行為（性行為＋經濟行為）中，男女之間的不對稱性可以被簡單地蒙混過去。您指出女性賣娼的社會前提，是權力和經濟資源由男性壟斷，這點我也認同，但總感覺在性交易現場中受威脅的不僅僅是女性的自尊心，男性的自尊心也危在旦夕。無論是「收了錢所以必須被當成玩物」的女人，還是「付了錢才能得到對方理睬」的男人，都只得到了附帶嚴苛條件的愛。透過爸爸活與援助交際，男人可以活在這樣的假象中：我不是付錢給職業小姐讓人家陪，而是在跟普通女性交往，我的經濟實力可以幫上她。女性也可能產生這樣的錯覺：我不是妓女，只是和我發生性關係的人剛好很有錢，也欣賞我的魅力。

在雙方自說自話的語境下，買什麼、賣什麼都能根據自己的需求隨意改寫。我也享受過這樣的遊戲，彷彿那是什麼不被允許的消遣。因為比起在學習、工作或運動等方面勝過那些男人，鄙視他們必須花錢才能得到我的愛，更容易滿足我的認可欲求。話說父親的新譯本讓我想起了一件事。他在多年前翻譯過瓊．史密斯的《厭女症》（暫譯），日文版書名為《男人都討厭女人》。當時我只有八歲，不會念「討厭」這個詞，於是說成了「男人都想討個女人」，惹得大家哄堂大笑。

您在信中指出，帶有商品屬性的性處於灰色地帶，現在的我最認同的莫過於這一點。我始終與主張「性工作也是正當（或普通）勞動」的性工作者組織保持著一定距離，也是性工作那可疑的「灰色屬性」所致。

因為AV女優也是所謂性工作的一種，我又是當過AV女優的寫作者，所以身邊有很多人聲援賣娼合法化、反對歧視風俗女，其中不乏與我走得很近的人。我有時也會發表一些觀點，但對於他們斷言「性工作也是正當勞動和普通工作」這點，一直都覺得有些不對勁。當然，我對自己待過的行業還是有一定的感情，也不認為應該廢除。話雖如此，對於「普通工作」這個說法卻始終沒辦法完全接受，而每當人們抨擊歧視性言論時，這個詞總會冒出來。為了用自己的語言解決這種不適，我苦苦掙扎了許久。

這是因為我確信自己之所以能夠在那裡滿足淺薄但又獨特的自尊心，之所以一度沉迷，自以為找到了容身之地，就是因為那種行為極為特殊。而且我有某些預感，這種特殊性帶來的愉悅與興奮感就像毒品一樣危險。但事到如今，我並不想用「有害靈魂」這一句敷衍過去，而且經驗也告訴我，它的吸引力是無可替代的。母親臨死前用「妳周圍那些可怕的東西」、「讓妳受傷的東西」這樣的表述模糊地暗示了其中的危險性。從那時起，我便認為自己寫作的主要任務之一，就是回答「為什麼不能賣身」。誰規定不能賣身的？——我抱著這樣的衝勁勇闖夜生活世界，但有時也會想，搞不好我是真的想知道不能賣身的理由。

您在信中提到，儘管我「完全不必出賣性價值，也可以運用其他資源滿足認可欲求」，卻依然進入了風俗與援交的世界。我已經在上一封信裡講述了這種扭曲的優越感是如何形成的。然而說到底，自己也很疑惑：為什麼一直以來都無法宣稱「我根本不需要男人的認可」呢？我家書房裡有各式各樣的書，其中也包括您的著作。在拍完AV、去酒店上班的第二天，便能在條件優越的大學與研究所做研究。為什麼在這種情況下，還是無法捨棄「可以賤賣性的自己」、「能用性換來金錢的我」呢？內心明明很清楚，為性開出的價碼遠遠無法令我滿足。

「難道女性至今仍無法靠自己的力量獲得認可嗎？」您的失望深深扎在了我心坎上，因為我顯然處在非常容易獲得認同的環境，卻久久未能離開男人以最簡單的方式給予認可的地方。我認為我們這一代人所處的環境太過優渥，僅靠男人的認可無法得到滿足；但自我意識又太過貧瘠，失去男人的認可就無法滿足。按照評論家齋藤美奈子的說法，也許我們這代人面臨的選擇是「做老闆，還是當老闆的太太」，而且兩個選項的權重完全一樣，感覺兩邊都有可能，兩種人你都想當，於是在夾縫中躊躇猶豫，遲遲無法做出明確的抉擇。

我最近出版的書裡也提到，有些女性至今還期盼著由男方提出交往，否則就坐立難安，但在工作中又步步高升，不把男人放在眼裡。她們身披浪漫愛意識形態的餘香，帶著父權社會下的傷痕，捧著年長一輩人交到她們手中的尊嚴，還有自主決定自身價值的自由，但她們任何一樣都捨不得拋棄，只好東奔西跑，手足無措。

您在東京大學開學典禮的致詞中提到，東大的女生傾向隱瞞自己就讀的學校。比起「努力學習才考上了理想的志願」，隱瞞學校後而獲得「可愛又無害」的評價更能抬高自己。我很理解她們的心境，有個朋友是東大畢業的，但她對外堅稱母校是東京女子大學。美劇裡也經常出現這樣的情節：女性角色在相親派對上說，「如果我老實交代自己是律師事務所合夥人，就沒人願意跟我約會。但只要改口說自己是空姐，就立刻有人約了。」

然而實際情況是，如果男人的認可就能讓妳滿足，妳大可去念二專，畢業出來當空姐，當年《JJ》雜誌的主要讀者群就是如此。而那些機靈的女性考進了東大，錄取哈佛法學院，當上律師，還會根據場合換上不同的面容，我感覺她們仍然需要過時的認可，又渴望變得更加靈巧與頑強。對我來說，重要的是「一邊讀慶應大學和東京大學研究所，一邊當AV女優」，這句話在字面上傳達出的意思——既備受憐愛，又讓人尊敬。

兩者都想要也都捨不得，或許是過渡期奢侈而無益的煩惱。套用佛洛姆對愛的定義，除非放棄對於「被愛」的執著，累積「愛」的經驗，否則儘管從東大畢業當上律師也沒用，因為只要得不到男人的認可，就仍然覺得不滿。事實上，我在《非．絕種男女圖鑑》中引用的言論基本上出自年薪近八位數的女性，她們的母校至少是早稻田、慶應這個等級。

在同一篇致詞中，您還談到了近年來的醫學院招生考試問題[2]。僅就我的交友圈來看，大家對這則醜聞的反應有些微妙。我所說的「微妙」，並不是說她們容忍這個事實。

我的母校明治學院高中是一所中等水準的學校。招生考試是統一進行，但男生和女生偏差值[3]相差了將近十。母校原本是男校，但受教會學校的形象影響，報考的女生比較多，如果單看分數，從高到低篩選，招進來的便都是女生，因此便採取這樣的措施，以平衡性別比，而且校方也對外公布了這項政策。不過，這與醫學院的問題有著本質上的不同，我們畢竟沒有經歷過「女性的選項極少」的時代，只覺得這是針對愚蠢男生的救濟辦法，而本校的學生將它稱作「為男性服務的優惠性差別待遇」。剛聽說醫學院招生問題的新聞時，我和老同學都隱約想起了母校的招生政策，所以反應比較微妙。

希望醫科大學與醫院給女生平等的機會、高高在上地容許偏袒男生的優惠性差別待遇，這兩種心態同時存在於我們身上，並無矛盾。這就如同「讓我決定自己的價值」和「但我不允許你說我作為女人沒有價值」這兩種心境互相侵蝕又彼此共存一樣。我依舊軟弱，無法明確宣稱自己「不需要男人的認可」，但看到新聞時，下意識想起的，並非強者一般的男人，而是身為弱者的男人。這也確實在不知不覺間讓我獲得了一定的自尊心。

2 東京醫科大學招生時刻意調降女性考生的成績，以控制錄取考生中的女性比例，理由是女性多因結婚、生育而離職，導致學校和附屬醫院的醫生不足。

3 日本考生衡量分數排名的數值，偏差值越高，說明排名越靠前。

別說年過五十的八〇年代女學生，跟我同齡的菁英女性也對《愛的迫降》十分著迷。從結構上來看，那是一個不折不扣的浪漫愛情故事。女主角是韓國財閥的千金，在被迫降落於北韓的特殊情況下，得到了英雄的保護，順理成章地當上一次「公主」。然而，因為她在韓國位高權重，在文化差異下教給了男主角許多事情，男主角也全力支持她的事業，從來不嫉妒。這麼完美的男人只存在於幻想之中，不過，現在沒有這種特殊設定就很難發展出正統的浪漫愛情故事，也體現出時代的變化。或許迪士尼從公主路線，改走向女英雄故事也是出於相似的原因。

即使一個人享有各種能力和資源，只要執著於「被愛」、不願放棄男人的認可，就無法從容地選擇愛一個人，而是尷尬地想方設法隱瞞好不容易考進的東大學歷。儘管距離終點依然遙遠，但前進的腳步逐漸變得一致，這讓我充滿了勇氣。

2020年10月12日

鈴木涼美

被「獨立女性」
這一觀念困住的我
也許與妳相去無幾。

鈴木涼美女士：

在與妳通信的這半年裡，疫情造成的隱居生活加深了我的自省。誰知道這種「自肅生活」[4]會持續多久？又有誰知道在那之後，人生還剩下多少日子？我這輩子會不會就這樣結束了呢？

在聽聞餐飲店、旅遊勝地和活動會場因為Go To Campaign政策[5]而人潮洶湧時，我不由得納悶：大家就這麼想出去走走、跟別人見面、感染亢奮的情緒、釋放活力嗎？身為一個本來就不愛湊熱鬧的人，我更喜歡新冠期間生活的靜謐和鮮有變化的日常，如果這就是「晚年」，我甚至覺得就這樣走完一生也不錯。話說起來，過去的人們只知道埋首於自己所在的渺小世界裡，看著父母的背影長大，依照父母的方式來生活，年復一年地重複相同的事，直到人生迎來終結。其中僅有的慰藉，便是四季的更迭。剛來到山間躲避疫情時，望出去還是一片早春風光。望著樹木披上新綠，轉為夏日的蓊鬱，如今又漸漸被秋色染紅。等待冬日將至，我的新冠生活便湊齊了一年四季。真沒想到疫情會持續這麼久，此刻我甚至不確定，當新春再次來臨時，它能否告一段落。幸好令人欣慰的是，無論世事如何變遷，四季的流轉都不曾停歇……

話雖如此，對那些正要成長、向前邁進和發展的年輕人來說，這種停滯肯定帶來了莫大的痛苦。妳的人生才剛剛走過三分之一，而我走完了不只三分之二，大概接近五分之四吧。我的人生是從後往前數比較快，而等待著妳的未來，卻比回首過去還長久許多。疫情下的這一年在我生命中所占的比重，也自然與妳有所不同。

妳在信中提到了有條件的愛。佛洛姆所謂的「無條件的母愛」當然只是一種理想，現實生活中的母親是形形色色的。妳說在小時候便覺察到，作為一名兒童文學專家，母親一直在暗中觀察妳這個獨生女，就好像妳是她的實驗對象一樣。據說許多發展心理學家也會以這種方式視察自己的孩子，不知道他們是如何區分「作為科學家的觀察」和「身為父母的愛」，但我很好奇，當父母在心裡想著「啊哈！這就是

4 為了防控疫情，日本政府呼籲民眾自肅（自我克制、自我管理），一般指主動減少外出次數。

5 日本政府為重振旅遊產業而推出的大規模補助政策。

心理學中的鏡像階段」的時候，被觀察的孩子會做何感想。千萬不能小看孩子，因為他們對父母的情緒是非常敏感的。

探討有條件的愛時，妳強調了「孩子的性別」，這點確實很重要。父子、父女、母子、母女之間的關係都各不相同。最近學界也有人指出，照護者與被照護者的親屬關係，決定了照護的品質，「親子」這個模糊的用語終於走下了歷史舞臺。婆媳與母女之間的照護關係當然有極大的出入，被照護者是父親或母親、照護者是兒子或女兒，也同樣會對照護效果產生巨大的影響。直到最近，人們才開始關注照護關係的組合及性別。其實，親子關係中也存在著性別差異。自古以來，父子關係一直帶有神話色彩，母子和母女關係則大不相同。

女性研究從最初便開始關注母女關係。在以佛洛伊德為首的心理學理論中，「自我」是男性自我的代名詞，這些心理學家一直在關注男孩如何成為男人，卻對女孩漠不關心，所以母女關係在心理學層面幾乎無人討論。正因如此，女性研究才有必要探討母女關係。近年來，母女關係的問題開始得到重視，女兒說她們無法愛自己的母親，母親也開始說她們無法愛自己的女兒。那母子關係呢？「兒子比女兒可愛多了。」——好幾位母親淡定地說出這句話，絲毫不覺得難為情。

最近，一位律師太田啟子寫了一本有趣的書，名為《致未來的男孩》（暫譯）。她自己是兩個兒子的媽媽。書中提到，媽媽圈子裡經常有人說「男孩子都是愛撒野的小呆瓜，但就是可愛呀」，這讓她感到很不對勁。在大約同一時期出版的《母與子的日本論》（暫譯）一書中，作者品田知美認為，母親的如此行為背後有一種陰謀，可能是想讓男孩一直停留在小呆瓜的階段，不願意讓兒子獨立自主，進而脫離自己的控制。我倒是很想問問被這樣養大的兒子心中對於母親的看法，不過，成年男子滿口都在讚頌母性，很少談及其他。照理說，母子關係中肯定有更多的愛恨與矛盾。也許是母性對於兒子的壓抑太過強烈，使得他們沒有辦法好好表達出來。

長久以來，女兒背叛父母最簡單的方法就是「婚外性行為」，因為這是父母雙方都最為厭惡的事。妳為了考驗有條件的母愛，看看做到哪一步會突破底線，「以幼稚拙劣的手段試著失去它，以便試探是否真的能夠沒有它」，這其實並不罕見。但如果身為兒子……結果又會是如何呢？也許妳就無法背叛母親了。

當年的我，也曾經想逃離父母的控制，但主要是希望擺脫我的父親，而不是母親。因為母親太過無能，不足以成為毒親[6]。她的無能甚至讓我產生了恨意。而父親則下達了某些禁令，於是我把他看不順眼的事情都做了一遍，其中也包括婚外性行為。為什麼如此無聊的事情竟會如此美好？其實我很清楚，其中的關鍵就在於「父親的禁止」。

《所以，你也要活下去！》的作者大平光代對於「有條件的愛」進行了異常強烈的反抗。她在背上紋滿刺青，成了黑幫成員的妻子，後來又重返正途，通過國家考試成為一名律師，甚至是大阪市有史以來第一位女性副市長。她國中時曾經遭受嚴重的校園霸凌，自殺未遂後又被同學指著鼻子罵「怎麼還沒死」，於是便拒絕去學校。這樣的她，最後被母親的一番話徹底推入了谷底。

「媽媽都不敢在街上走路了……求求妳，至少去上學吧，媽媽覺得好丟臉。」就是這句話讓女兒走上了歧路。這也難怪，女兒拚命抗拒上學，但媽媽更關心的是自己的面子，而不是親生骨肉。

越堅強的女兒會表現出越嚴重的叛逆行為。大平光代不斷挑戰極限，藉此逼問她的母親：妳已經拋棄過我一次，那我要做到什麼地步，妳才會完全拋棄我？經過這場讓自己和身邊的人都遍體鱗傷的磨難後，她成了一名幫助少年犯重返社會的律師，而且似乎也與母親和解了。我最終還是錯失了機會，妳也太早便失去了母親，同樣無法擁有與之和解的機會。若想達成親子之間的和解，看來還需要雙方都長命百歲才行。

話說回來。最近我注意到，寫到以「我」為開頭的句子時，用過去式結尾的情況越來越頻繁了。人生已經不能重新來過，只是徒留遺憾與自省而已。在我與評論家樋口惠子合著的《終於看見了自己》一書中，我問她「想不想在死前跟某人和解或者道歉」。樋口女士的回答令我感到相當詫異，她說她根本不想跟人道歉，甚至

6 「毒親」（どくおや），是指控制欲強烈，透過情緒勒索等手段操控孩子，並讓孩子心生恐懼的父母。

還想化成厲鬼嚇唬某些人。我卻做了太多需要反省的事，想向被我傷害過的人說一聲抱歉。曾經的我是如此無知、不成熟，又何等傲慢。我一點都不想回到年輕的時候。沒有比那更痛苦的日子了。

兒童繪本作家岩崎知弘，在年過五十之後寫下了這樣一段動人的話。

回想起來，年輕時的歲月真是可悲又輕率……我付出了二十多年腳踏實地的努力，才敢說自己比當年更強大了一些。我屢戰屢敗，冒著冷汗，好不容易才稍微懂事了一點。事到如今，我又豈能回到過去？

「豈能回到過去」的我，在與妳交流時，不由得想起了自己在妳那個年紀所經歷的一切。這讓我感到刺痛，彷彿翻開了不願回憶的過往、積存已久的課題與塵封多年的疑問，並且開始反思身處其中時看不清的道理。

妳在信中反覆問我——「為何能對男人不感到絕望呢？」年輕時，我愛過他們，也被他們愛過，我傷害過他們，也被他們傷害過。畢竟我當年置身於被男人包圍的環境，而當時的男性比現在的年輕人更粗暴也更不客氣，所以我根本不愁找不到對象。甚至有個毒舌的男人說過這樣一句話：「京都大學的女人可真好啊，什麼樣的醜八怪都有男人在後面追著跑。」（笑）

有些男人很天真，有些很狡猾。不需要尊重也可以談戀愛。我很無知，他們也一樣。知道自己是一個渾身缺陷的女人、沒什麼了不起，也就沒有資格要求對方完美無缺。但渾身缺陷的年輕男女一旦試圖開啟自我認同的鬥爭，就有可能受到傷害，或傷到對方。我從不認為女性在愛情遊戲中是弱者，因為我知道她們也完全有機會成為加害者。

*

然而，性愛則另當別論。和今日相比，性在當時是更大的禁忌。畢竟在以前的年代，仍然存在像「初夜」這樣的詞彙。父母教導女兒婚前要保持處子之身，一旦發生婚前性行為，就會被貼上「次級品」的標籤（也正是那樣的年代才會引發格外激烈的性革命）。

妳給自己制定了一項使命——寫作的主要任務之一，就是回答「為什麼不能賣身」。請務必給出只有當事人才能說出的答案。我由衷地期待著。

妳接著寫道，「誰規定不能賣身的？——我抱著這樣的衝勁勇闖夜生活世界。」其中的「衝勁」一詞讓我心頭一顫。妳用「衝勁」來形容自己的行為動機，可能鮮少有人可以精準地理解這一點。

在明治時代（一八六八年）以後的文學作品中，肉慾（好可怕的詞啊）對男人來說是「精神被身體打敗的地方」，但對女性來說也許更像是「身體屈服於精神的地方」。仔細想想，從閉上眼睛短暫出借身體的援交少女，到出於義理、人情、忠誠和孝道決定沉淪於苦海的妓女，也許女性一直以來都在犧牲自己的身體，無視它的吶喊，讓身體屈從於精神。

在通信的過程中，我再次捫心自問：在那一場場「把肉體和精神扔進陰溝」的性事中，我到底做了些什麼？是為了性認可嗎？不是。因為周圍早有許多人將我視為帶有性屬性的人，簡直多到令我厭煩。是因為性慾嗎？也不是。我感覺更像是為了讓身體屈服於精神（我稱之為觀念）。

森瑤子女士是一位大器晚成的作家，她出道之作《情事》（暫譯），其中有一句話令人難忘：「我想做愛做到吐為止。」據說這句話引起了許多女性讀者的共鳴，而增加了作者的書迷。至於森女士有沒有將這一想法付諸實踐，我就不細說了，但看到這句話的時候，我清楚地意識到自己絲毫沒有克制過這份欲望，在當年要找個男人非常容易，只要說一句「我想做」就行了。

在九〇年代初的電視劇《東京愛情故事》中，鈴木保奈美飾演的女主角赤名莉香主動對男友完治說「我們做吧」，引發輿論熱議。但這有什麼難的呢？對於今天那些絕不主動提出交往、非要讓男方表白的女生而言，也許是不太容易。

八〇年代在英語國家進行的性生活調查中，有一題問道：「是誰提出的？」回答「男方」的占了絕大多數，比例從高到低依次是登記結婚的夫婦、同居的異性戀情侶和同性戀伴侶。我看到這個結果的第一反應是「不意外」。可能男女雙方都認定，性愛應該由男人主動發起，女人就該被動等待。順便說一下，問卷裡還有一題是：「誰能說不？」結果顯示，「無法說不」的女性占了絕大多數，比例高低的順序則一樣。這體現出了登記婚姻中女方的性愛不自由。那現狀呢？女人主動提起，就會被扣上「放蕩」的帽子，甚至有男人說「女人主動提就沒興致了」。常有女性天真無邪地問我：「男朋友要怎麼找呀？」我會回答：「主動邀約就可以了呀。」但是聽到這話，她們便會驚呼：「欸～這我哪敢呀。」

為什麼不敢？因為女性不習慣被拒絕。男性也會在遭到拒絕時受傷，但他們可以累積經驗，訓練自己避免或減少傷害。被拒絕並不意味著你的存在被全盤否定，回答一句「哦，這樣啊」就行了。

我見過的最得體的拒絕是：「我今天沒那個心情。」「哦，這樣啊。那下次再說。」……只是我跟他並沒有下次了。

我不需要從男人那裡得到什麼，也不需要和他們耍心機，所以很容易向他們發出邀約，也不在乎會被拒絕。但提出邀約或受到邀約的男人，彷彿和我活在截然不同的劇本裡……現在想來，我跟他們就是字面意義上的「同床異夢」。或許「乾女兒」和「乾爹」之間、援交少女和購買她們的男人之間也有同樣的鴻溝。

我從不向對方索取什麼，也不抱任何期許，甚至不會約定下一次見面的時間。在他們眼裡，我就是一個不用花錢、不拖泥帶水的情人，也就是現代人口中的炮友。有時是我經濟更寬裕，所以由我負責餐費等方面的支出也是常有的事。包吃包喝還包睡……有時我也納悶自己到底在做什麼。其中還不乏已婚人士，這讓我覺得很諷刺。心想，如今的男人只要找對一個獨立女性，不需耗費任何成本就能擁有情婦了。要知道，以前找情婦可是男人有本事的展現。不要求男人迎娶，也不要求男人跟妻子離婚，不吵不鬧，哪怕男人漸漸疏遠，也只會輕描淡寫地說一句「哦，這樣啊」，然後乾脆地離開……這樣的女人不正是助長了父權體制嗎？

沒錯，「獨立女性」。也許那就是我的「詛咒」。

我從那種關係中得到了什麼？這種獨立具有「性自主」的含義。可能是想用自己的身體證明性和愛可以分離，性並不從屬於愛，女性可以出於性慾而發生性行為，也可以主動提出……寫出來這麼一看，不難發現這就是後現代對於性觀念的根本命題，絲毫不遜色於主張「性愛合一」的浪漫愛意識形態。讓身體服從於觀念……如果是這種快感令我沉醉，那與妳所做的事情就沒有太大差別，只是方向不同罷了。我尋求的是性關係，而不是愛或認可，所以男人在床上低語的「我愛妳」都令我厭惡。心想，我的性慾是純潔的，不容許你玷汙。

我敬愛的作家富岡多惠子在《芻狗》（暫譯）中塑造了一個專門獵捕少男的中年女性。她筆下的這名女主角如此說道：「我很好奇，僅僅是陌生人肉體的一部分進入我的身體，算不算是肉體關係。」這種好奇心面向的是「沒有關係」的廣漠世界。身體部位的連接並不代表產生任何形式的「關係」。富岡老師那一代的女性比我再更年長一點，她們還生活在一個只要插入生殖器就會被視為「越線」的時代。她們不得不進行這樣的性實驗（恐怕是用自己的身體）……我對這一點感同身受。

透過這段經歷，我知道女人也可以把男人當作工具，也可以利用他們、消耗他們。所以我很理解妳為什麼會覺得在交易性行為中，認為「受威脅的不僅是女性的自尊心，男性的自尊心也危在旦夕」。「將身心扔進陰溝的性事」不只是對自己的侮辱，也是對另一方的侮辱。

在我看來，使身體屈從於觀念的終極案例，就是平塚雷鳥[7]的鹽原殉情事件。夏目漱石的弟子森田草平與平塚雷鳥同遊於白雪皚皚的鹽原，最後殉情未遂，成為了一大醜聞。受其影響，日本女子大學從校友名單中刪除了雷鳥的名字（儘管後來又恢復了）。據說夏目漱石後來以雷鳥為原型，塑造出《三四郎》中的美禰子，但他根據森田提供的片面資訊，把美禰子寫成了一個傲慢膚淺的美女，這對雷鳥來說實在不太公平。

7　平塚雷鳥為二戰前後婦女解放運動的領袖，《青鞜》雜誌的創始人之一。

事實上，鹽原殉情事件連殉情都算不上。二十二歲的平塚雷鳥（平塚明）在前往鹽原之前留下了遺書。其中如此寫道：

我貫徹畢生的理念，因自身原因而死，非因他人所犯。

女人留下這樣的遺書，教男人情何以堪。這段文字中沒有一絲對男人的情愛。據說他們之間甚至沒有發生過性關係。因為根據雷鳥的自傳，她是在鹽原事件之後才「失去童貞」，對方是她主動邀來的禪宗僧人。

平塚雷鳥可能是日本近代女性主義者中最理念化（即脫離實際）、最形而上學的一位。她只對自己的開悟與天賦感興趣。《青鞜》原本是旨在幫助女性「展現內在才華」的文學雜誌，因為它受到「大叔媒體」的揶揄與強烈抨擊，雷鳥才搖身一變，成了「女權鬥士」，可見垃圾評論有時也能發揮意想不到的作用。

草平大概是想調戲一下雷鳥這位有智慧、有教養、有自尊的女人，看看她會有什麼反應。但雷鳥也想徹底地試探，想著：「我會服從自己的意志，但你又有多大的覺悟呢？」沒有多少男人經得住這樣的考驗。草平終究配不上雷鳥。在我看來，器量小的男人夾著尾巴逃跑了，就是這起殉情未遂事件的始末。（順帶一提，《死之棘》的島尾敏雄是極罕見的例外，面對女人賭上全身心施加的考驗，他仍堅持到最後都沒有逃避。）

如果這場「殉情」沒有以未遂告終……那便是兩個一同死去的男女，因截然不同的理由死去（名副其實的同床異夢）。如果沒有遺書，後人永遠不會知道兩個人的劇本存在著根本上的差異。不，即使留下了遺書，那些缺乏閱讀理解能力的人大概也只會一頭霧水。

長久以來，人們認為殉情往往是男人帶著女人踏上通往另一個世界的旅程。但富岡老師卻對《心中天網島》[8]做出了完全不同的詮釋，她認為女人自己也有去死的理由，是女人把男人拖到了死地。殉情絲毫不意味著愛的圓滿，男人和女人因不同的

8　日本人形淨瑠璃的經典劇作，描寫相愛的兩個人因義理的束縛而無法結合，最終殉情。

理由赴死，在不同的劇本中同床共枕。

「性自主」的原文是sexual autonomy。在後愛滋時代，法國和英國進行過幾次大規模的流行病學調查。法國在一九九〇年代和二〇〇〇年代之間展開了三次調查，有助於我們把握不同時期的變化。調查組成員之一的蜜雪兒・博宗曾跟我提起衡量法國女性「性自主」程度指標——性觀念越是自由、進步，性伴侶就越多。這個標準實在太直白，讓我忍俊不禁。從這個角度來看，基於自我決定使用自己身體的性工作者，也是某種意義上的「獨立女性」。這也成了她們尊嚴的源泉。

「性是性，愛是愛，兩者可能一致，也可能不一致」——在性革命之後，這個理所當然的觀點終於變得理所當然。這個結果是我們想要的，但我們的灰心和沮喪卻沒有減輕。

愛仍然困難重重，而性的門檻雖然大幅降低，但我不認為它的品質有任何提升。試圖打破性愛合一的一代人，和認為性與愛是兩回事的一代人，實踐的方式當然不一樣。你們這一代面臨的挑戰又是什麼呢？

隨著年齡的增長，我總覺得身體越來越不聽使喚，也漸漸認為「讓身體服從觀念」不外乎是對身體的虐待。使身體屈從於某種觀念的極致就是自殺，自殺正是對自己身體的終極虐待。特攻隊士兵的死，顯然也是對身體的虐待。對於頂級運動員的表現，固然驚嘆和佩服他們能將身體完全置於自身意志的控制之下，但運動員肯定也很清楚這種掌控依然有局限。

開始跟身障人士來往後，我才意識到身體是無法任由我們擺布的，身體是我們的第一個他者。他們已經和不聽使喚的身體打了許多年交道。他人本來就是不受操控的，但在那之前，他們還不得不與「自己的身體」這一不聽使喚的他者相處。而「變老」就意味著每一個人都有可能突然成為身障之士。

隨著年齡的增長，我逐漸感覺到精神和身體都是易碎品。不小心輕放，身心都有可能破碎。既然是易碎品，就得享受易碎品的待遇。當年的我是多麼傲慢，以為無論怎樣亂來，我和對方都不會碎裂。

人們常說我很堅強，說我耐受能力強。才不是呢。誰願意主動變成一個「耐打」的人啊？挨打了就會痛，接著會受傷。一旦承受過度，就會粉身碎骨。

把易碎品當作易碎品對待。這一點對自己和他人都萬分重要，而我花了那麼長時間才明白，真是愚蠢至極。

2020年10月18日
上野千鶴子

Letter 7

工作

對著自己的人生
摻進多少「女人」的成分，
大概是女學生們的眞切煩惱。

上野千鶴子女士：

您的來信似乎包裹著餘溫尚存的傷痛，看得我也隱隱作痛。「把易碎品當作易碎品對待」，這句話是多麼有力量，但主動承認自己的脆弱又是如此困難。

這些年我一直在虛張聲勢，其中最大的偽裝或許就是認為「我不會受傷」或「我沒有受傷」。第一次談到「恐弱」時，也說過我寧可輕忽自己的傷口，當它不存在，也不願意被視為被害者與弱者。在身體和精神的關係上，我也一直在自欺欺人。善於漠視傷痛，也許便可以陶醉於自己的強大，但若是不在該面對的時候面對，到頭來還是有可能會失控。

＊

《五體不滿足》的作者乙武洋匡創作了小說《車輪上》（暫譯），裡面有「已經跨過去的人」這麼一個形容。主角得知性格開朗的酒館媽媽桑（LGBTQ人士）

自殺時，說了這麼一句話：「我還以為聖子姐是『已經跨過去的人』。她肯定也有掙扎和痛苦的時候，但我以為她早就克服了這一切，會堅強地活下去……」這段話清晰刻畫了旁人對頑強生存的性少數群體與女性的看法，讓我留下了深刻的印象。事實上，他們也許能成功在每天的生活中克服小小的阻礙，卻仍然未能翻越高聳的山峰。

有一陣子人們經常問我：「妳後悔拍AV嗎？」這就跟誘導式提問似的，我知道正確答案是什麼，對方肯定希望我回答：「當然也有後悔的時候，但如果沒有那段經歷，就不會有今天的我。」

世人試圖把我們分成兩類：作為被害者，被迫拍片，受盡苦難；或是積極向前的堅強女性，經歷過旁觀者眼中十分難受的過去，但仍頑強地跨越了它，或以之為精神食糧。但我認為，許多女性是在這兩者之間來回遊走，選擇哪一邊全看當天的心情。至少我就是這樣。

如果我貶低受過的傷痛，堅持認為自己處理得很好，那麼對社會而言，我永遠只是方便的免洗筷。可我又不願意高估傷痛，被迫假裝自己受傷。因此，我切身感覺到，確實把握自己的傷勢有多不容易，也很難準確地將傷痛表達出來。有時，我也會動筆寫下來，自以為至少有好好面對了，但隔日再回頭看，又覺得誇大了傷痛的程度。如此重複再三。「獨立女性」之所以意外地成為容易打發的情人，「已經跨過去的人」之所以沒有機會承認自己的傷痛，讓身體服從精神的援交少女之所以強化了大叔的幻想，自我決定的AV女優之所以不能站在被害者的立場上，或許都是因為陷入了自己對自己下的詛咒，進退維谷。

我這一代人普遍認為，性與愛顯然是兩回事，對我們來說，所遭遇的挑戰大概是如何直面孤獨，而人們認為性愛一致時無須正視這種孤獨。這並不是代表一個人只要雙手奉上自己的性，就能得到愛的承諾，也不是說只要置身於愛之中，就不會為性迷失。女人在性這方面也可以積極主動，把性和愛完全分離，但是，在性從屬於愛時，女人用性換來的安全感與滿足感，是現在的她們未必能夠得到的。

我不認為我們已經成熟到可以迴避由此而生的不滿或不安。我有時會想，可能是因為我們不知道自己能否填滿原本由浪漫愛情填補的空缺，也不知道如何填滿或有沒有必要填滿它，所以一直無法擺脫這種空虛的感覺。無法徹底放棄相當傳統的浪漫愛情，又對婚姻制度抱有過高的期待，或轉往工作和社群媒體上尋求認可。

*

在我離開新聞業，開始自由寫作後不久，接連有好幾個朋友來諮詢，說有興趣當作家或到出版社擔任助理。她們婚後就不再繼續工作，現在孩子都讀小學了。大概是因為寫作不需要任何證照或資金，乍看之下也毋需任何特殊技能，想要回歸社會的人最容易想到的，就是這個工作了吧。不過在我看來，造成這種現象的另一項因素是人們的表達欲變得越來越強烈了。有些女性本就習慣在部落格、推特上寫作，現在還有用note[1]的，她們或許是想更進一步，將寫作變成正職。尤其是經濟狀況較穩定的家庭主婦，即使當不了作家，許多人也很希望嘗試能夠署名的工作。

我覺得自己能從事寫作是非常幸運的。在正視及迴避自我之後，一邊思考種種問題，一邊生存下去，不寫作的女性肯定也會經歷同樣的掙扎，但如果自己寫的東西留在了書本或雜誌上，回顧起來就方便多了，更容易看清自身的變化與心情的波動，進而意識到自己根本不是「已經跨過去的人」，也沒能牢牢地掌控事態發展。或許，無論寫什麼，我們至少可以把寫作當成一項工作，藉此養成自我懷疑的習慣，還會發現什麼話招人討厭、哪些話討人喜歡，這經常伴隨著偶然性。

從這層意義上來講，我可以理解她們為什麼想在時間比較寬裕的時候嘗試寫作。而且我也認為，比起在部落格上用詩意的文字自言自語，以工作的形式寫甲方提出的主題（比如影評或關於汽車的文章），有時反而更能理解自己當下的所思所想。

但就個人而言，從二〇一九年前後開始，我認為應該多關注一下自身或我所寫下的東西是如何被消費的。畢竟現在既不是研究員，又不是新聞記者那種受雇於人的寫作者。靠筆吃飯的人，總認為自己想說的話都寫在文章裡，於是便徹底放下了心，

1　日本一個可以發佈圖文、音檔、影片的免費部落格平台。

不會像AV女優和模特兒那麼在意自己被使用在哪些地方。近年來，我一直提醒自己，要更注意寫出來的東西是否被斷章取義，被隨意運用在某處，而違背了原來的本意。

無論是賣娼、賣原味內衣，還是陪酒，我都不認為只有當事人才有資格發聲，但我覺得能以當事人的身分發聲是一種巨大的特權，至少在面向部分讀者時是如此。即使我說得比較深入，大家也很容易被說服，因為他們會下意識地認為「當事人都這麼說了一定沒錯」（當然，這有利也有弊）。如今，無論是這類爭議性工作的從業者還是LGBTQ，群體內部的發聲者都有增加的趨向，但數量仍然有限，而且不一定能保證涵蓋當事人的各方觀點，他們說的話也時常被用於支持違背自己初衷的論點，說不定還會被貼上叛徒的標籤。

還記得大約三年前，諧星組合「隧道二人組」的短劇《保毛尾田保毛男》[2]被網友強烈抨擊。這個三十多年前的短劇將男同志塑造成噁心滑稽的形象，以此博取觀眾的笑聲，而今在一個特別節目上再次登場。當年是因為大眾的性別觀念仍不足，現在電視臺卻刻意搬出這種歧視性的表演方式，如此的惡趣味引發了輿論風暴。

當時，變裝皇后德光修平（Mitz Mangrove）[3]在週刊專欄中質疑了抗議言論的陳詞濫調：「說同性戀（ホモ）和人妖（オカマ）不行，說同志（ゲイ）和男大姊（オネエ）就可以[4]。這是誰規定的？何時規定的？」「是時候該意識到了吧，只是一味地『掩蓋歧視』根本毫無意義。」看到當事人發聲為節目辯護，社會大眾彷彿也感到安心下來，便越來越多人發表了支持的意見。

德光修平的文章本身並沒有大力為那段短劇辯解，而是從親身經歷出發，寫出了輿論內容中令人感到不適的地方。還記得之前碰巧遇到他的時候，他說：「到頭來，大家看到當事人都這麼說了就會鬆一口氣，但這樣好像也不太對。」這句話讓我印象深刻。造成這種現象的原因之一，可能是越來越多的人不看前後脈絡，只是

2 保毛（homo）在日語中與「同志」相同發音。短劇主角保毛尾田形象怪異，將下半張臉塗成藍色，臉頰塗成粉紅色。
3 日本藝人，生於一九七五年，五歲時便意識到自己的性取向，喜愛穿女裝、化濃烈的妝。
4 在代指男同性戀者的日語詞彙中，ホモ（homo，為英文 homosexual 的簡稱）與オカマ（okama，有指涉肛門的意思）一般被認為帶有歧視，往往會替換為ゲイ（gay）。オネエ（onē，男大姊）使用範圍更廣泛，可泛指說話像女性的男性。

看了網路新聞和推文就開始轉分享。我自己也有類似的經歷，文章常被人斷章取義，貼上「前AV女優同意／反對○○」的標籤，我卻壓根不記得自己擁護過那個觀點或反對過某項運動。不過，也不能一味責怪網路新聞，畢竟我在工作中應該早就清楚地意識到，自己的文章有可能被過度解讀。

我覺得現在的工作既麻煩又複雜。寫作這個行業就如同身處於縫隙之中，要圍繞著時下的熱門話題，尋找還沒有被別人提起過的新鮮事。但正因為身為當事人，有時候又想對那些搞錯重點的支持者冷嘲熱諷幾句。雖然某些人是站在受歧視者的一方，但他們的言行也可能讓人感到不舒服。

前幾天，網友抗議褲襪品牌厚木的文宣有物化女性的嫌疑，最後該品牌撤下了引發爭議的圖片[5]。有網友表示：「女性購買這種商品是為了時尚穿搭和保暖，此品牌卻把男性會喜歡的性暗示圖片放在網路上，太不可思議了。」看到這樣的意見，我差點下意識地提筆寫道：「把褲襪套在頭上搞笑的諧星和撕毀大量褲襪的男性AV助理導演，也都是厚木的優質客戶啊。」我不想干涉他們的輿論自由，但也不想被扣上「前AV女優為色情插圖辯護」的帽子，所以便猶豫了。如果是以前，我大概立刻就發聲了。也不知道作為一個表達者，我是變得不自由，還是更謹慎了。再補充一點，我認為消費女性這件事本身絕對不會消失，花費多少心力去撤回也沒用，所以才會忍不住想插手那種直白的抗議吧。

＊

有個問題我已經醞釀許久：當您以女性身分進入由男性主導的職場，並取得了女性從未有過的成績時，您是否覺得男性會因為「這是女人寫的東西」、「女性學者寫了性感女孩」[6]而感到興奮？在我們滔滔不絕地闡述自己的看法時，卻會因為人們的關注點錯誤而被消費。我一直在思考，面對這種情形，我們還能怎麼做？無論是研究社會學還是女性主義，我都懷疑男性是否能徹底理解那些理論，進而實際融入生活之中，所以我猜測，即使是在最高學府的職場上，男性也不見得擁有和他們所

5　二〇二〇年十一月二日，褲襪品牌厚木邀請了二十五位畫師繪製女性穿著厚木褲襪的插圖。
6　指上野千鶴子於一九八二年出版的第一本書《性感女孩大研究》。

學相匹配的視角。

話說我還在求學的時候，有一次研討小組請來Lily Franky先生當嘉賓。留意到介紹當天流程的學生太緊張，他便開了一句玩笑調節氣氛：「妳說得再賣力，我也只會盯著妳豐滿的胸部看而已。」我也經常開這種有點惡趣味的玩笑，不過相信現在還有些地方的大叔真的只會盯著女性的胸部看。就算把胸部遮起來，他們搞不好也會說，這麼遮遮掩掩反而更性感。

女性在工作中很難避免被消費，在厚木褲襪問題中我也有同樣的感受，總覺得男性就是那種在原味店套著內褲、以荒唐的模樣自慰後便拍拍屁股走人的生物，所以第一反應是死心，認為根本無法管教他們。您在上次的信裡回答了「為什麼能對男人不感到絕望」。正因為我輕蔑男性的肉慾，才會問出那樣的問題。儘管這麼想，或許對男性有些失禮。身為女人，雖然我不太能理解男人積習難改的本性，但也已經慣於放棄改變它了，而是轉向試著與之共存。所以我很好奇，當有人用您不喜歡的方式看您時，您是如何面對的？

除了做研究和寫書，您是否考慮過其他的職涯發展？學生時代的您是否考慮過不做學者？您當時可以選擇的職業又有哪些呢？

如今……或者說早在我求學的階段（算下來也是二十多年前了），同校的女生可選擇的職業範圍已經相當廣泛。儘管就讀的科系專業不同，大家的職業選擇也都很多樣化，可以在一般職員、專業崗位、研究者，甚至創業之中，選擇自己認為有價值的工作。當然在這個過程，大家會斟酌自己想從事什麼工作。但在此基礎上，女性還要在以女性為中心的工作、女性身分至關重要的工作、女性身分不重要還可能會成為瓶頸的工作、容易嫁人的工作、不適合結婚的工作……這些界限不明的工作間做出選擇。我認為現在仍有許多女性在夾縫中東奔西竄，不知道該側重於哪方面的價值。

想從事的工作與符合理想的工作有時是一致的，不過一旦出現衝突，就得考慮該把何者放在優先順位、有沒有什麼東西被忽略掉了、到三十歲時還能不能保持同樣的價值觀……這時候，我們可能需要以自己的價值判斷去挑選工作。而這種無依無靠的心境，也是將性掌握在自己手中、不再堅信婚姻神話的女性，必須面對的挑戰之一。在不只老闆和老闆的太太這兩條路、行業更細分又更豐富的大環境下，對著自己的人生摻進多少「女人」的成分，大概是女學生們的真切煩惱。

分享一下新聞業的狀況。我待過的《日經新聞》會把不少新招聘的女性員工分配到東京總部，但大多數職員在二十多歲時需要被派駐外地，所以在校友活動中，經常聽見求職學生煩惱著「想試試看，卻又覺得進了這行好像就沒辦法指望結婚了」。同期入職的朋友之間偶爾也會提起「念書時從未考慮過生育年齡的問題」。即使公司一直在逐步完善女性員工的生育福利制度，但在這些制度之外，還要考慮有沒有結識對象的機會、能否得到異性青睞、會被什麼樣的人選中等等。仔細想想，女性似乎需要在二十一、二歲的年紀綜合考慮所有因素，做出相當重要的抉擇。如果日本職場的人員流動性能再提高一點，大家的心態也許還可以輕鬆一些。

話說曾經的女大學生聖經、發行量直逼八十萬的《JJ》終於宣布停刊。一想到今天的女學生主動捨棄了當年《JJ》堅定鼓吹、飛上枝頭的神話，我不禁感慨萬千，但同時也能大致想像到，在缺乏強硬價值標準的大環境下，面對眾多選項的女學生該有多麼手足無措。我也認為，在傳統價值觀仍揮之不去的狀態下，哪怕曾在最高學府深造，也可能對自己的選擇感到焦慮。儘管我很清楚，那些能明確說出自己的職業理想與目標的人會對此嗤之以鼻。

順便一提，碩士畢業找工作的時候，我仍想盡可能選擇與AV女優無關的行業，這樣有助於擺脫過去，也不容易曝露自我，最好可以讓大家覺得「這種地方怎麼會有AV女優」。此外，還得是對文科碩士生敞開大門的行業。因為有了這些條件，我毫不猶豫便把「容易結婚、受異性歡迎」的選項給排除了。

在步入「女人的人生」之前，我已經擁有一段「作為前AV女優的人生」。從這個意義上來講，或許我已經足夠幸運了。

2020年11月11日
鈴木涼美

剛出道的時候，
人們說我是
「利用男性凝視的商業女權者」。

鈴木涼美女士：

在給妳的信裡，我總會不由自主地寫出一些不曾對任何人、從未在任何地方說過或寫過的話。

作為學者，我本來不需要出賣隱私，也不打算這麼做，所以逢人便說「我販賣想法，但不賣感覺」（儘管破過幾次戒）。但也許是通信的形式使然吧，儘管知道書信會被公開，但一想到我和妳是以一對一的方式直面彼此，便覺得沒有糊弄與搪塞的餘地。沒想到編輯在這個社群媒體和通訊軟體主導的時代，祭出了如此慢條斯理的手法，讓我完全中計了。

妳對「已經跨過去的人」感受到的違和，引起了我的共鳴。人的改變無法像爬樓梯那樣一步步推進，也不是一旦改變就再也回不了頭。妳能將自己的過去融入現在，這就類似於性暴力的被害者將受傷的經歷與現在的自己揉合，而不是假裝一切從未發生。但誰也不敢說「有」這種經歷一定比「沒有」好，而且這樣的揉合其實非常脆弱，隨時都可能瓦解。全面地肯定現在的自己，包括積極和消極的一面……這固然是最理想的狀態，但我認為鮮少有人能夠達到此境界。

儘管年歲增長了也一樣。我跟許多老人家打過交道，自己也到了被稱呼為老人家的年紀，有時會深切感覺到，年齡與成熟沒有任何關係。看到上了年紀的作家在書裡寫什麼「我最喜歡的是現在的自己」，我只想立刻罵一句：「少騙人了！」

＊

對了，這次的主題是「工作」吧。關注妳的動向時，我一直在擔心：她接下來準備做什麼呢？她會以作家的身分活下去嗎？但她又會寫些什麼，怎麼寫呢？

身為一個研究社會學的人，以碩士論文《AV女優的社會學》出版成書為起步，可以說是相當幸運。我原本以為妳會繼續深造並成為學者，但妳並沒有走上這條路（當然，妳隨時都可以重啟學術之路）。聽說妳進了知名媒體當記者，我還以為妳喜歡寫作，沒想到後來又辭職了。在《男女雇用機會均等法》頒布後，主流媒體的記者是最受女性追捧的職業之一，照理說妳完全可以留下來。莫非是因為過去的經歷曝光後，實在待不下去了？

現在的妳，算是偶爾踏入情色產業的自由寫作者嗎？以之前提過的「反論資排輩」思維，妳在性產業的市場價值遲早會消失殆盡，那妳是否打算有朝一日靠著寫作維生呢？

頂著作家頭銜的女性大有人在。語言是最簡單的工具，人人都可以使用，也不需要畫漫畫的技能或做設計的品味。我也知道有許多女性想署名寫文章，不管是專欄、影評……哪樣都行。對我們這一代的女性來說，哪怕一度回歸家庭，放不下自我實現的理想，寫作也可以稱得上是最快速方便的工具。有許多女性確實步上了這條路，為雜誌寫寫充實版面的文章，出版關於地方最新消息的雜誌，甚至成立自己的編輯工作室。其中確實有人頻頻發表署名文章，還有人推出了紀實作品，一舉成名，深受後輩崇拜。好比酒井順子女士和島崎今日子女士，就成了大家的榜樣。

那是一個雜誌文化蓬勃發展的時代，作家和讀者都對雜誌很著迷。我有幾位熟人就在那個時候出道，她們乘著當年雜誌文化的浪潮，辭去穩定的工作，成了自由寫作者。

然而，出版市場早在九〇年代便迎來了巔峰，傳統媒體的時代已經一去不復返。當年採訪經費充裕，稿費也很高。但不知道從什麼時候開始，那幾位熟人跟我抱怨寫手的行情日漸走下坡。照理說，只要名氣足夠，業績一流，工作報酬就會上升。但她們恐怕沒有想到，身為自由寫作者，工作量卻隨著行業的衰退而不斷減少，稿費更是不增反降。

熱愛書籍和雜誌、希望從事編輯工作的年輕人至今仍舊存在。我們上野研討小組的學生有時也會被出版社錄取。遇到這種情況，我總會說：「恭喜你，是個好消息。雖然不知道你們公司還能撐多久。」

當然，就算從傳統媒體走向了網路時代，內容產業也不曾就此消失。但在網路媒體上，作家不得不置身於更為激烈的競爭之中。網路新聞的署名文章以點擊率論斷，默默無聞的YouTuber也能靠著衝高觀看次數來躋身名流。如今的媒體環境已經與我們那個年代大不相同了。

妳在信裡說，擔心自己寫的東西會在什麼樣的脈絡下被消費。不過在那之前，有沒有意識到自己也是媒體脈絡下的消耗品呢？而且只要妳是一個消耗品，就註定會被「用完即丟」。

作家無法選擇媒體（除非是業界名人），而是由媒體選擇作者，這意味著沒人下訂單就無法寫作。也許妳現在忙得不可開交，來自媒體的「訂單」源源不斷，甚至難以想像無人下單的狀態。

上野研討小組也出過幾位獨具一格的作家。而我對開始走紅的研究生的忠告始終是：「不要被用完即丟。」無名的年輕人一旦意識到有人需要自己，便心生歡喜。若自己的作品引起了眾人關注或得到讚賞，他們就會得意忘形。作品如果能換來錢財，那就更不用說了。編輯總在尋找有暢銷潛力的人才，年輕人很容易被這樣的編輯唆使，信以為真，甚至會刻意迎合。然而，他們一旦過氣，編輯便棄之如敝屣。身為過來人，我對此深有體會。所以一直苦口婆心地勸他們腳踏實地，積澱出不被時代和潮流所影響的東西。

對編輯來說，作者不過是商品罷了。應該遍地都找不到願意與作者一起赴死的編輯吧，當某個商品賣不出去的時候，就會理所當然地放棄它。而我對編輯最大的讚美，就是將其比喻成鬣狗。因為他們就像以腐肉為食的鬣狗一樣，擅長發現作家最危險的部分，賦予其商品價值後再上架。而妳的頭銜——前AV女優——對他們來說，肯定也有求之不得的附加價值。

但是，妳打算帶著這個頭銜走多遠呢？

對妳來說，前AV女優的經歷已成過往，但妳並沒有更新自己的履歷。AV行業新人輩出，拍攝現場也發生了變化。妳作為當事人的價值是有保鮮期的。比方說，乙武洋匡先生是殘疾人的當事人，伊藤詩織女士是性暴力被害者的當事人。但這種「當事人經歷」寫一次就完結了，人不能反覆書寫自己的歷史。

人們常說，每個人一生中至少會寫出一部傑作，但專業作家需要不斷推出上乘之作，一次遠遠不夠。一輩子只寫出一本暢銷書也不行，妳得像鈴木一朗那樣，每個賽季的打擊率都穩定維持在三成左右。

每每言及此處，我都很慶幸自己是一名社會學家。不過這句話背後更多是一種感慨：還好我不是作家。當然，我也不認為自己是當作家的料。作家是以自己為實驗場，把自身切成碎片，社會學家則是以社會（即他人的集合）為實驗場。我一直認為，在自己腳底下再怎麼挖都挖不出什麼新花樣，所以才轉向名為「他人」的戰場。他人是取之不盡、用之不竭的，這就是為什麼社會學家永遠都不缺研究材料。

我向來認為，想像力難以超越自身的認知，而現實又遠遠超乎想像……所以我對虛構作品的要求相當高，很少有小說能讓我覺得有趣。讀到無聊的小說時，總想大吼一聲「把時間還給我」。但論文或紀實作品則不然，只要能告訴我原來並不瞭解的事實，哪怕文章寫得再拙劣，心裡都是喜悅勝過煩悶的。

有沒有編輯在妳耳邊嘀咕：「要不要寫本小說試試看？」

這足以說明，大家認為小說是人人都能寫的東西，還認為每個人都想衝破限制、自由自在地表達自己，而小說就是一種自我表達的形式，但這種想法其實錯得離譜。我認識的好幾個人都被編輯的慫恿沖昏了頭，開始嘗試寫小說。我很不欣賞這種做法，每每看到那樣的人，都不由得感嘆道「這個人也沒能夠抵擋寫小說的誘惑啊」，又覺得「他以後再也不會寫小說以外的東西了」。村上龍在《新工作大未來》一書中，將作家定義為「死刑犯也能從事的工作」，令我印象深刻。作家恐怕是想寫作的人選擇的第一份、也是最後一份工作吧。

既然如此，已經年過三十、想要靠寫字活下去的妳，也是時候認清楚要寫什麼、怎麼寫、用何種風格來寫了。

*

妳肯定會反問，那我又是為何選擇了這份職業呢？如果妳問我是不是一心想走學術之路，我只能回答「不是」。恰恰相反，當年的我還是個不諳世事的女孩，對未來沒有任何規劃，甚至沒有想過靠工作養活自己。在沒有任何雄心壯志的情況下，不想找工作的我為了拖延時間而就讀研究所。這背後的慘痛經歷是以失敗告終的學生運動。考上研究所之後，我向一位熟識的教授報喜。教授問我：「那妳碩士畢業後打算做什麼呀？」我老實回答：「老師，我對此毫無頭緒。」教授便說：「女孩子嘛，就這樣也不錯。」在那個年代，大家甚至不覺得這是性別歧視。

妳問我有沒有考慮過不走學術，這麼說起來，二十歲的時候只覺得這個年紀令人厭煩，恨不得一腳跨越到三十歲以後。而我想像中的三十多歲的自己，是一間冷清酒館的老闆娘。當時京都大學周圍有很多平價酒館，囊中羞澀的學生只要一進店裡，店家就會給他們上二等酒[7]（當年還有這種東西呢！）。我在家裡從沒幫過父母什麼

7　一九九二年之前，日本國稅局將清酒劃分為特等、一等、二等，稅率視等級而定。

忙，就靠著坐在吧檯前問「阿姨，這是怎麼做的？」學了一些小菜的做法。多虧那段經歷，現在還會做些口味清淡、適合下酒而不是當配菜的京都小菜。回到故鄉金澤，在鬧區的後街開一家小吃攤般簡陋的小酒館，做個忙進忙出、依據不同客人變換價格、略帶倦容的酒館老闆娘……說這是二十歲女孩勾勒的未來藍圖，倒也令人發笑。在那個年代，過了三十歲就是不折不扣的阿姨。在那幅願景中，我身邊沒有丈夫和孩子的身影，可能是因為早在那時就已經沒有成家的打算了。

那是一個女碩士生畢業後也很難找工作的年代。大學裡教的社會學百無聊賴，我也完全不覺得自己是做研究的料。儘管做過各種兼職，但都無法靠它們維持生計，還有兩次差點退學。之所以打消這個念頭，是因為還有獎學金這條路。爸媽的錢有附加條件，但獎學金沒有。

想一鼓作氣從「女孩」變成「阿姨」，努力跳過「女人」的階段……那時的我，就是如此厭惡自己是女人這件事。在三十歲將至之時，我第一次接觸到了女性研究，突然感覺茅塞頓開：哦，原來還可以研究自己啊！眼前總算出現了一件自己主動想做，而不是別人逼迫我做的事情，這還是有生以來第一次。不過，當時我完全不覺得自己能夠以此為生。甚至想著，如果我不適合做學術研究，那就讓研究來迎合自己吧。哪怕過著如同失業一般的日子，我也沒有丟棄這種不羈和自恃，還挺不可思議的。

後來，時代的浪潮將我（們）推到高峰。因為我和我們這一代的許多女性都迷上了婦女解放運動和女性主義，渴望閱讀相關書籍。而當時的出版市場上並沒有我們想讀的書（翻譯書除外），於是我們這些年輕的創作者，得到了志同道合的女性編輯所提供的機會。

不過，無論是當時還是現在，出版界都大多由男性主導。我可以預想到自己在那個地方會被如何消費。我的「處女作」——《性感女孩大研究》（暫譯）被視作「年輕女人寫的黃色笑話書」，相當地暢銷。女性主義論文集《身為女人的快樂》（暫譯）也採用了編輯提議的爭議性書名。隨後出版的《裙底下的劇場》則是關於內褲的研究。《女人遊戲》（暫譯）的序文為〈放眼望去皆是女性陰部〉，以致於人們給我起了個「四字學者」[8]的雅號。也是在那時，我成了「社會學界的黑木香」。《女人遊戲》還鬧出過這樣的笑話。我的一位男性朋友在長途巴士司機停靠休息的餐館，邊吃邊看這本書，一個大叔湊過來說：「帥哥，在看什麼呢？喲，玩女人[9]？還滿有意思的嘛！」還有人跟我抱怨：「看妳的書必須包書套，否則都不好意思帶出門。」

把書名列出來一看，還真是壯觀。說我「利用了男性凝視」倒也沒錯。當時，還有人說我是賣弄女性元素的商業女權者。不過我心想，管他的，能熱賣就好，不服氣就寫本暢銷書來看看啊。年長的阿姨直皺眉頭：「聽說最近冒出一個年輕的女社會學家，就喜歡用黃色笑話炒作？」我始終堅信，即使讀者的購書動機有違我的初衷，但只要他們在閱讀之後理解其中的真實意圖就行了。

值得慶幸的是，比起誤解與誤讀，我遇過更多優秀的讀者，讓我感覺自己的觀點說進了他們的心坎裡。太過害怕被誤解，人就一句話都沒辦法說了。既有正確的解讀，誤解也無妨，管它是各占八十、二十，還是六十、四十，只要正確的解讀多於誤解，我就有勇氣繼續寫下去。女性研究的先鋒們應該可以抬頭挺胸地說，我們在沒有讀者的地方創造出讀者，和讀者一同成長，還誕生了一群出色的作家……是讀者培養了作家。我們絕不能低估讀者。而且我有幸遇到了一些優秀的編輯，永遠不會忘記他們的培育之恩。

我一直有「兩邊兼顧」的意識，既出版通俗讀物，也寫學術著作。出了一本容易引起誤會的書，就再出一本學術色彩比較重的。聽到人們驚呼「這兩本書居然是同一個人寫的」，非常暢快。

我將這兩種書稱為硬派與軟派、A面與B面、上半身與下半身。哪怕把黃色笑話類的著作從列表中刪除，剩下的數量也很夠了。應徵的時候，我都會把它們從履歷中刪掉，讓面試官無視它們的存在。但對方總會告訴我：「很遺憾，我們沒辦法當這些書不存在。因為它們不僅沒有加分，還會反過來扣妳的分。畢竟外行人都是透

8 陰部（おまんこ）寫成片假名是四個字。
9 《女人遊戲》的原文書名「女遊び」也可譯成玩女人。

過這些書認識妳的。」是我自己刻意去做了這些容易遭人白眼的研究，也算是自作自受。

＊

九〇年代初，我突然成為東大教官時（當年東大還是「官辦學校」，所以學校裡的老師被大家稱作教官），一個學生如此問道：「上野教官，您是怎麼拿到這份工作的？是跟人睡來的嗎？（笑）」說這句話的是個女生，我當然知道對方是跟我在開玩笑。這種玩笑在當時還是可以開的，不過如果開口的是男生，也許就無法和平收場了。

大學教授是一種奇怪的職業。「教學與研究合一」不過是無稽之談。在大多數的高等學府，妳跟學生講自己正在做的研究課題也是徒勞，因為學生無法理解。雖然被稱為「研究者」，但無論在學術方面取得多少成績，薪資都不會增加一毛錢。特別是在私立學校任職時，深切體會到自己的薪資是出自講臺下的學生家長所支付的學費。我在某私立大學新創立的科系待過一段時間，在學生結業前，因為校方拿不到政府補助，所以我的薪資百分之百來自學生家長的口袋。

我從未像當時那樣強烈地感受到，大學教授從事的是教育服務業。調到官辦學校之後，甚至驚訝地發現，同校老師幾乎都沒有意識到自己是教育服務的提供者。

我曾用學生的四年學費除以畢業所需學分對應的課堂時數，算出每節課是五千日元（約新台幣一千一百二十元）。據說，如果通知下週停課，日本學生會拍手叫好，美國學生卻會噓聲一片，因為他們很清楚自己上的是私立學校，每年要繳大約四百萬日元（約新台幣九十萬）的學費，理應享受完整的服務。於是我轉念一想，也許學生是因為學費一年繳一次才沒有意識到，要是改成每上一堂課都要交一張五千日元的消費券呢？我的課有值得這個價格嗎？

教師是我最不想從事的職業之一。因為我從來都不覺得學校是個有趣的地方，也從來沒有尊敬過老師。在那個年代，女大學生畢業後要不是當公務員，就是當老師，而我實在不願意勉強當個老師，乾脆不去考教師資格檢定，以斷了自己的後路……其實我只是太懶了（笑），從未想過自己會成為一名教師。

仔細一想，只有大學老師是沒有教師證書也能擔任的教職。坐在講臺下的也不是孩子，而是大人。大學不同於小學、國中和高中，學生可以選擇老師。不想上我的課就別選——大學老師是可以這麼說的，這為我提供了絕佳的藉口。如果學生還是選了我，就努力工作，以求對得起這份薪水，也不辜負他們的期望和信任——我抱著這樣的念頭投入了這份工作。

幸運的是，我遇到了許多優秀的學生。其實老師也是學生培養出來的，尤其研究所的工作更加嚴肅，因為老師培養的是可能會在不久的將來成為自己對手的學者。

按照慣例，大學老師退休時都會出一本《某某老師屆齡退休紀念論文集》，裡面要放幾篇得意門生阿諛奉承的論文。即將從東大退休時，一個學生問我：「老師，您不打算讓學生編一本退休紀念論文集嗎？」我興致缺缺地回答：「太俗氣了，我才不要呢。」而學生給出的替代方案，便是後來的《挑戰上野千鶴子》（千田有紀編）。我在書中如此回應道：

這些學生是離我最近的人，熟知我的論文有哪些優點和缺陷。他們想拿起在我手下磨好的刀，刺向我的阿基里斯之踝……能被這樣一群人選中，我深感歡喜。

把書送給一位同事時，對方表示：「這本書大大提高了後人出退休紀念論文集的門檻。」儘管教師不是我主動選擇的職業，但從結果上來看，這份職業棒極了。因為我可以親眼見證那些年輕人和不那麼年輕的人，如同竹筍一樣褪下層層外皮，向上生長。看著他們，沒有生過孩子的我心想：「看我拐來了多少別人家的孩子……」那心態堪比哈梅恩的吹笛手[10]。畢竟家長可以見證孩子兒時的成長，卻很少有機會見證孩子成人後漸漸長出智慧的過程。

10 德國傳說中用笛聲引誘孩子進入山洞，任由他們困在裡面活活等死的人。

＊

我和立命館亞太大學現任校長出口治明合著的《你的公司與工作方式讓你感到幸福嗎？》（暫譯）最近即將要出版了，到時候也寄一本給妳。出口先生這些年的工作經歷相當特殊。我們在這本書裡聊到各自的工作方式，其中也包括鮮有人問及，所以從未在其他地方提過的事。

提及《JJ》停刊時，妳說現在的女生不光可以飛上枝頭當老闆的太太，還可以自己開公司當老闆，卻因為選項過多而感到迷茫。我忽然想到，如果晚出生個二、三十年……會不會也能體驗到那種「面對眾多選擇而手足無措」的感覺呢？

話雖如此，社會的變化總是差一小步。正如妳在信中所寫，肯定有很多女性在「以女性為中心的工作、女性身分至關重要的工作、女性身分不重要還可能會成為瓶頸的工作、容易嫁人的工作、不適合結婚的工作夾縫中東奔西竄」。

我曾夢想成為小酒館的老闆娘，顯然並不排斥服務業。作為服務的提供者，我也很有服務精神，學生都能為我作證。如果生在另一個年代……說不定能在企業裡出人頭地，當上高階主管呢。當然，這是不是我想做的則另當別論。

而妳在這樣的大環境下，選擇成為一名自由工作者，這意味著妳選了一種沒有保障的人生。我是領薪資的員工，甚至當過一陣子國家公務員。還記得剛成為雇員時，我著實吃了一驚，感嘆每個月都有固定薪水入帳也太舒坦了。我並不喜歡組織，卻作為組織的一分子走過了這麼多年。出口先生也不例外，我們合著的書名裡之所以有「你的公司」這幾個字，正是因為我們都是上班族。我在書中提到了自己為什麼明明可以當自由工作者，卻沒有離開組織。

我一直把自由工作者稱為「買健保的人」。一旦離開公司，成為自己負擔健保費的人，就會深刻感受到組織為員工提供了多大的保障。尤其是無力的人受到的保護更多（儘管今日的企業可能已經沒有這種餘力），新冠疫情也讓人們清楚認識到了這一點。每當看到因疫情失去工作的非正式員工或自雇人士，我就不由得感嘆他們的處境確實艱難，如同赤手空拳立於荒野之中。

我發自內心地祈禱，妳的選擇能結出積極向上的果實。

2020年11月20日

上野千鶴子

Letter 8

獨立

被用完即丟的自由寫作者，
應該在何時做些
能化成積累的工作，
這確實是個難題。

上野千鶴子女士：

我在上一封信裡，問您當年是否有想過不從事學術研究，這固然是出於對於時代背景的興趣，但更多是因為我無法想像既不當大學教授、又不走學術的您會是什麼模樣。

冷清小酒館的老闆娘，這個形象著實令我意外。我有幾個陪酒時認識的女性朋友，現在就是小酒館的店長或媽媽桑（為數不多就是了）。陪酒稱得上是賣弄女人味的極致，不過仔細想來，與酒店裡的其他人相比，她們基本上都是不輕易拿女性身分當招牌的人。也許正因為她們深諳不能單純地讓別人消費自己的青春和天真，才能在那個世界站穩腳步。

說個題外話，我一直很排斥把酒館的老闆娘稱為Mama，而不是Madam的習慣，感覺帶著某種戀母情結，滿噁心的。難道也是因為男人非得把陪酒小姐區分成「可追求的對象（處女）」與「完成蛻變的女人（媽媽桑）」，否則就沒有安全感嗎？如此想來，您說您二十多歲的時候厭惡自己是個女人，想跳過身為處女才會受到追捧的年輕女人階段，一鼓作氣變成阿姨，這倒也合情合理。

您提到自己有幸遇到了優秀的讀者，出書後收穫的正確解讀比誤解多。甚至談到您會有意識地兼顧兩者，既出版通俗讀物，又出版學術著作。這對我來說也是巨大的啟發。出版《AV女優的社會學》後，我又寫了名為《賣身的話就完了》的隨筆。當時，我也對面露不悅的母親做了類似的解釋，卻沒有切身實踐的力氣。

您在回信中問：「現在的妳，算是偶爾踏入情色產業的自由寫作者嗎？」其實我已經很久沒有進入性產業了。剛離開新聞業的時候，我在歌舞伎町住過一陣子，偶爾想呼吸一下那個世界令人懷念的空氣，就會去酒店坐個檯。但由於母親病情越來越嚴重，我漸漸遠離了那個世界。她去世後，我就徹底從情色產業畢業了。正如同您之前指出的那樣，「父母的禁止」有著美妙的滋味，她去世與我告別情色產業的時間點正好吻合，這未免也太湊巧了。不過，其實上了年紀才是主要原因，與在家裡寫稿相比，去店裡上班變得沒那麼划算。我的市場價值不是「遲早會消失殆盡」，而是早就開始暴跌了。

我不是那種能把服務做到極致的陪酒小姐，當不了媽媽桑，只會簡單地用青春和天真換取金錢。所以三十歲以後，我在性產業世界的價值直線下降，與年齡呈反比。性產業世界特有的暢快感，即「能為自己定價」的感覺也隨之快速消退，留下怵目驚心的現實。但我畢竟曾被那個世界的強烈魅力深深吸引，所以至今仍會作為顧客或單純的朋友和路人進進出出，也仍想把握並言說它那充滿魅力、恐怖又骯髒的輪廓。但是與年輕時相比，在那裡工作至少不再那麼有吸引力了。因此，我工作的路徑大概是性產業（AV和陪酒）—新聞記者—自由寫作者。

您說您當年就讀研究所是為了拖延時間，而我則是因為還不想離開情色產業，但也不打算永遠留在那裡。儘管那時還很年輕，但我似乎也會不時思考著：如果找到了工作，業餘時間就變得很有限，沒辦法再去酒店坐檯或拍片，但大學畢業後做全職女公關或AV女優，感覺又太過冒險。我之前也在信裡提過，年輕的我認為「不完全沉浸在白天或黑夜，但在兩邊都有立足之地」非常重要，避免失去任何一邊的唯一辦法，就是延長當學生的時間。所以我在大學多念了一年，五年才畢業。在讀研究所的兩年裡，也一直維持著這種狀態：無論置身於白天還是夜晚的世界，我都能告訴自己「我的世界不只有這一處」。

但在此期間，我開始對AV行業產生了恐懼，畢竟自身的價值不像起初那麼高了，在酒店也到了不能光把清純年輕當賣點的年紀。於是我認為自己必須找一份工作，好從情色產業抽身，這就是我入職新聞業的原因。

我也覺得，在白天的世界裡增長年歲，總比在夜晚世界人老珠黃還要好。讀研究所的時候，我在銀座一家小俱樂部坐檯過一陣子，還滿自在的，即使繼續讀博士，大概也不會完全收手不幹，所以也想藉此機會徹底走向一個不一樣的生活。這種單純的嚮往，或許也是促使我走進新聞業的其中一個原因。

*

新聞業的工作挺有趣的，況且我小學作文裡所寫的理想職業就是寫文章，所以整體而言還算滿意。而且最重要的是，這份工作讓我意識到，只要一個人打算繼續待在日本，就沒有比當公司員工更好、更輕鬆的道路。父親一直在大學當老師，是定期領薪水的雇員，但從我有記憶以來，母親就不在公司裡工作了，過著一邊做筆譯一邊當學者的生活。親戚裡也不太有所謂的公司員工，所以我對員工的印象較為負面，等到自己找工作之後才意識到：「天哪，還有比這更好的事嗎？」

我也不是不能繼續留在新聞業。至今仍覺得，日本公司的員工一旦脫離這條軌道，想再回去就相當困難，留下來顯然是明智之舉，工作本身做得也還算得心應手，但隨著三十歲大關臨近，我卻懷念起早該揮別了的那股刺激感。碩士論文也剛好在同一時期出版成書，這讓我漸漸覺得當公司員工有些委屈。不能穿短褲和高跟鞋，無法隨心所欲四處旅行，要充分明白自己的立場，不能進出「見不得人」的場所……這應該是許多公司雇員在成長過程中，不得不妥協、放棄的事情。

我起初也告訴自己，生存就是這麼一回事，但還是覺得這樣太不自由了，於是在可以幾乎靠稿費養活自己時辭掉了工作。同事都知道我出版了碩士論文，偷偷用筆名寫稿的事情也傳開了，東窗事發（包括我過去的經歷）恐怕只是時間問題，還是走為上策。而且我也想呼吸一下闊別已久的情色產業界空氣。因為曾經從事過脫得一絲不掛的工作，讓我養成了一種思維：萬一哪天錢不夠，重操舊業就好了，儘管賺得不比以前多，但姑且能撐一陣子。這種習慣也促使我做出了離職的決定。

不過我之所以敢輕易辭職，最重要的原因大概是我與家人的關係還算不錯，沒有經濟上的後顧之憂，實在走投無路了也有家可回。母親經常建議我，若想在日本做自由工作者，找個上班族結婚會保險一些，她也是在父親正式被大學聘用時辭去了工作。但我從沒認真考慮過結婚成家的事情，只覺得暫時靠父母就好了。

如果您問我後不後悔，我會回答「偶爾會」。首先，我所仰仗的母親去世了。其次，父親從大學退休了。再來是父親在母親去世後，有意建立新的家庭。這些事情讓我意識到，本以為老家永遠都會在那裡，卻發現它說不定就要消失殆盡了。面對這種煩躁感，我不由得這麼想，哪怕當一個穿不了高跟鞋、無法到處旅行的委屈上班族，只要待在公司裡，大概也不至於那麼焦灼。

我年輕時的生活習慣不太健康，從來不覺得自己能長命百歲，也許這就是為什麼比起長遠的未來，我一直選擇優先考慮當下的舒適。不知為何，腦海中總有一幅模糊的畫面：父母很長壽，我卻比他們先離世。然而幸運的是（或者說不幸的是？），我也許還能活很久，也許不得不以不健康的狀態繼續活下去，如此想來，自由寫作者確實很不穩定。論前途渺茫的程度，自由寫作者可能多少比AV女優好一些，但在我看來，兩者仍非常相似，都會被消費，都是用完即棄。因此，儘管工作內容和新聞記者差不多，我的心態反而更接近拍A片的時候。

您在信裡問我：「妳打算帶著這個頭銜（前AV女優）走多遠呢？」這是一個非常難回答的問題。使用這樣的頭銜絕非我的本意，但我猜他們是認為，沒有這個頭銜，我的作品就沒有價值了，可見「前AV女優」的身分能帶來多麼求之不得的附加價值。我經常在回答採訪時說，我的目標就是用一輩子的時間摘掉這個頭銜，但也不知道自己有沒有其他附加價值可以超越它。也正是因為這個頭銜實在難以超越，總是勸那些有意拍ＡＶ的女性再多考慮一下，並告訴她們，妳可以告別「ＡＶ女優」這份工作，卻永遠無法告別「前ＡＶ女優」的身分。

剛好在我敲定第二本書的出版時程、從《日經新聞》辭職的時候，週刊曝光了我的過去，所以我有時也會想：要是沒有那篇報導，自己還能接到多少工作？此刻的我又會寫些什麼呢？因為演過ＡＶ，有一些工作我確實不能做，但「因為演過ＡＶ而得到的寫作機會」明顯要更多。您指出當事人的價值是有保鮮期的，但我總覺得，前ＡＶ女優的保鮮期出乎意料地久，甚至是帶有貶義的那種「久」。越是想擺脫它，本人與頭銜之間的差距就越有趣，有時甚至會被賦予更多涵義。難道在一個完全不同的領域取得輝煌的成就，大家就會不再關注一個人的過去了嗎？事情並沒有那麼簡單。

我在信裡提過，當初找工作的時候，我想找一家不容易曝露我拍片過往的公司，結果爆料我的週刊下的標題正是「《日經新聞》記者竟是ＡＶ女優！」如此想來，我如果繼續留在ＡＶ行業，或者什麼工作都不做，夾著尾巴低調度日，或者找一家在旁人眼裡與「前AV女優」相配的公司，也許就不會被貼上「前AV女優」的標籤了。昔日的經歷被曝光、為了附加價值而被扣上那種頭銜的人，恰恰是進入大眾視野、為了擺脫AV女優的過往而開始在其他領域耕耘的人，令人感到諷刺。

不小心扯遠了。總之，我完全同意您的觀點，即使一輩子都摘不掉「前AV女優」的帽子，這種狀態能產生價值的時間也非常短暫，而且我只會寫文章，並不是學者，所以等待我的是被消費、用完即丟的命運。您一直告誡研討小組的學生「要腳踏實地，積澱出不被時代和潮流所影響的東西」，這句話深深觸動了我。湊巧的是，母親生前寫給我的最後一封信裡也有類似的話語。「出一兩本精緻的散文集或許很容易，大概也滿有意思的。但那只不過是轉瞬即逝的煙火而已，除了過眼雲煙，什麼都不是。希望妳拿出更有意義的作品，為後人鋪路、搭起橋梁，並且設立路標，甚至建起避難所或瞭望臺。由衷期待妳求師問友，出一本踏踏實實而非短暫燦爛的書。」

在寫下這段話的短短半年以後，母親就與世長辭了。也許她是看穿了我對父母的依賴，看穿了我「被人用完即丟、無路可走就回家啃老」的盤算，所以才會如此叮囑。當編輯邀請我與您通信時，我是多麼希望當時勸告我求師問友的母親能夠知曉啊。

在媒體工作的五年半寫的都是新聞稿，本想在接下來的五年半裡只寫些淺顯易懂的文章。如今我在疫情中度過了離職後的第六年。三年前，我決定不再接關於情色產業主題的邀稿，結果找上門的淨是關於戀愛和性的隨筆。於是我在一年前立了新規則，拒絕這方面的邀約，避開自己最能依靠小聰明應付的領域。但也意識到，自己不過是想在需求耗盡之前逃離戰場罷了，一如當年從AV行業倉皇逃跑般。

我在很多地方說過，情色產業的世界會讓人上癮。正如您指出的那樣，對默默無聞的年輕人來說，寫作也有成癮性。我原本想一邊寫點有趣的東西，一邊做些能化作積澱的工作，卻深切感到這並不容易。莫非離開公司，靠小聰明寫作維生終究是個錯誤？為生計工作的廣大自由業女性（還有男性）也知道市場對自己的需求總有一天會枯竭，也會迎來被用完即丟的一天，想做點什麼卻不容易有踏實的積澱，難以做出成績來擺脫困境。難道在日本工作，不當公司員工、不靠父母或沒有婚姻的保障，就這麼不現實嗎？寫到這裡，我想起了一位法國朋友。他（自稱）是影像作家，一直靠失業補助和其他福利過著悠然自得的生活。他總說要利用這段時間養精蓄銳，做出一番大事業，但好幾年過去仍不見起色。我覺得，這似乎不僅僅是社會福利制度的問題。

其實我有很多關於獨立的問題想問您，誰知道光是鋪陳就寫了這麼長一段。除了婚姻，我們這一代的女性好像仍然缺乏保障。究竟我們需要什麼呢？希望在接下來的幾次通信裡可以與您探討這方面的問題。

2020年12月3日
鈴木涼美

妳不必急於決定去向，
不妨嘗試一下新的主題和文風。

鈴木涼美女士：

本次的主題是「獨立」呀。妳在這次的回信裡說，妳無法想像「既不當大學教師又不做學者」的我會是什麼模樣。也許在旁人眼裡，我在高學歷菁英分子的路上一直走得相當順利吧。

之前告訴過妳，我讀研究所並非一心向學，也沒有雄心壯志，只是為了逃避就業而拖延時間。之所以能在「大學」這個講究學歷的社會生存下來，不過是因為父母陰差陽錯地為我提供了受高等教育的機會，而且他們也恰好有足夠的經濟實力。

說起來，我十八歲時還有「從醫」這條路可選。父親是醫生，開了一家私立醫院。在我們家的幾個孩子裡，我的成績還算不錯，所以感受得出來父母希望我學醫。但是真要走這條路的話，我唯一的選擇就是念本地的金澤大學醫學院，到時候就無法逃離那個家了。祖母和母親一直這麼教育我：「這年頭女人也得有一技之長。」母親說這話可能是出於怨恨，畢竟她這輩子不得不在經濟上依賴丈夫。然而，直到女兒選擇志願學校的時候，她突然翻臉不認人，說什麼「女孩子上個二專就行了」，搞得我非常納悶，心想：「媽媽，妳這些年說過的話算什麼啊？」現在想來，她也許是對女兒迅速脫離父母的掌控產生了危機感。後來，她見我選擇不結婚、不成家，便覺得自己的人生彷彿被全盤否定一樣，對我說了不少埋怨的話。

不僅如此，一想到以後要當醫生，我就覺得後半輩子的路都鋪好了，一眼就能望到盡頭，不禁感慨「捧著鐵飯碗的人生可真無聊」。跟家境貧寒的朋友說起這些時，他們還強烈反駁說：「妳簡直身在福中不知福！」當時女生的大學升學率還很低。看到同輩的女性說「我從小看著大人吃苦受累，不想落得和母親一樣的下場，所以拚命讀書，努力找一份需要專業技能的工作」，我只覺得她們是何等耀眼，眼睛都快要睜不開了。

看完妳的回信，我感覺自己那可悲的舊傷仍在隱隱作痛。妳說妳之所以敢輕易離開好不容易入職的知名企業，最重要的原因大概是與家人的關係還算不錯，沒有經濟上的後顧之憂，實在走投無路也有家可回。無論面對怎麼樣的困境，都能告訴自己船到橋頭自然直，我覺得這種樂觀精神是父母的饋贈，不過，這背後也存在依賴心理。妳覺得實在撐不下去了還可以依靠父母，當年的我也一樣。曾經在一次旅行中冒失地把錢花光了，只好打電報回家請父母寄點錢過來。結果當然是挨了一頓臭罵，但我堅信他們不可能不給我錢。

告訴妳一個無人知道的祕密。有一段時間，我把銀行卡的密碼設成了父母家的電話號碼。每次輸入那個密碼領錢，心頭便傳來一陣苦澀的刺痛，因為我意識到自己都一把年紀了，仍然沒有擺脫「實在不行還能向父母求助」的心態。或者說，也許我是想用這份苦澀自我勉勵，才會一直沿用早已註銷的老家電話當密碼。

我的父母擁有著愚蠢的父母心，無論做出什麼事，他們都會原諒我。我甚至認為，就算孩子殺了人逃回家，他們大概也會敞開大門迎接吧。妳說妳「年輕時的生活習慣過得不太健康，從來不覺得自己能長命百歲」，這話也是逗樂了我。女兒最大的叛逆，就是狠狠糟蹋父母無比珍視的自己。但反過來說，女兒越是敢這麼做，就表示她越相信父母的愛呀。

妳覺得自己會比父母早逝？照理說，死亡的順序就是出生的順序，若是顛倒了，在佛教裡稱為「逆緣」。對父母而言，人生最大的不幸莫過於白髮人送黑髮人，孩子的不孝也莫過於此。在我送走父母後，有人對我說了一句畢生難忘的話：「孩子的職責就是不比父母先死，妳已經出色地完成了自己的使命。」不由得想，希望有朝一日，我也能對別人說出這樣的話。妳送走了母親，所以也可以說是盡到了一半的責任了。

長大成人後，我目睹了那些得不到父母關愛，甚至被疏遠或虐待、在家沒有容身之處的孩子長成了什麼模樣。回過頭來想想，我們這代人正因為認定父母是強大、堅不可摧的存在，才能喊出「粉碎家庭帝國主義」之類的口號。作為一名社會學家，我見證了家庭在這些年的變遷，深深體會到它變得脆弱、渺小而易碎。想必孩子們正在竭盡全力阻止家庭分崩離析，甚至不惜以自己的身體堵住裂縫。

之所以有這樣的感慨，是因為我讀了澀谷智子女士編寫的《未成年照護者：我的故事》（暫譯）。編者向日本讀者介紹了「未成年照護者」的概念，讓大家認識到有一群（未滿十八歲的）孩子不得不扛起責任，照顧失能的父母。他們自己還處在需要受人照顧的年紀，但周圍總有人說「你真了不起」「你好努力呀」，導致他們只能逼迫自己振作，無從傾訴內心的痛苦；他們得不到同學的理解與同情，走向沉默與孤立；沒有求助的途徑與相關知識，或者向外求助後也沒有人伸出援手。然而，他們沒有迴避擺在眼前的照護需求……對這些孩子來說，父母不是他們依賴的對象，而是倚靠他們的人。這樣的家庭和孩子肯定一直存在著，但直到未成年照護者這個概念出現，他們才被世人看見。是澀谷女士讓那些（曾經的）孩子開口說出了長大成人之後也無法消弭的種種感受。這本書堪稱心血結晶，看得我不禁感嘆，究竟要與孩子進行多少溝通才能做到這一步。

我切身感受到孩子無法決定父母，儘管身為父母，大概也會感嘆自己無法選擇孩子。這樣看來，妳我都非常幸運，畢竟我們能夠有「實在撐不下去還能依靠父母」的念頭。有句話說，「英雄是能夠化命運為選擇的人」。我覺得那些沒有逃避眼前照護需求的孩子，就是將無法選擇的命運變成了自己的選擇。這就是為什麼那本書中，每一個未成年照護者講述的故事都如此震撼人心。

然而，面對自己無法選擇的出身，妳完全沒有必要感到羞愧。多虧父母贈與的愛，我獲得了「船到橋頭自然直」的樂觀精神，也擁有了不懼怕未知世界與新鮮體驗的天性。或許妳的不以為意和有勇無謀，也是來自父母的饋贈。

*

說回「獨立」這個主題。

天職（vocation）、職業（profession）、工作（job）是有區別的。三者交疊是無上的幸運，但這樣的情況寥寥無幾。「無論能不能賺到錢都會做」的是天職，「運用專長來謀生」是職業，而工作是「聽命行事的有償勞動，無關好惡」。除此之外，還有嗜好（hobby），指自掏腰包也要做的事。對我來說，我的職業是教育服務業，儘管沒有任何相關執照，也沒有受過培訓，但在實踐中掌握了必要技能，足以拿出與薪資相符的表現。女性研究和性別研究如今稱得上是我的天職，但它起初只是愛好而已。我甚至在某本小雜誌上發表過一篇文章，題目為〈作為愛好的女性學論〉。天職就是別人沒有下命令，你也願意主動去做的任務。至於衝著錢去做的工作，各式各樣我都做過一些，不過沒嘗試過性產業的工作。

對妳來說，寫作是這三者中的哪一種呢？

人活著就得吃飯。養活自己意味著妳必須擁有市場價值。錢出自別人的口袋，所以妳要是對他們沒有可用之處，他們就不會為妳掏錢。我在智庫做過兼職研究員，體驗了將資訊變成金錢的過程，還學會了如何運用。但「任務」終究是別人交派的，本質上無異於「借人之物，圖己之利」。我的社會學技能可以在這份工作中派上用場，所以當年我說不定也可以選擇它作為職業。在經濟拮据的研究生階段，我經歷了人生中的第一次挖角。大阪某新興智庫邀請我加入，表示「想徵個能立刻派上用場的人」，考慮了一天後還是拒絕了。理由很荒唐，因為懶得一大早起床，從京都最北邊坐電車去大阪上班……光是回想起這件事，我就直冒冷汗。

女性研究這個愛好之所以能轉化成天職，也是多虧了時代的巧合。不過，與「化命運為選擇」一樣，我能夠「化偶然為必然」也實屬僥倖。但正如在上一封信中所寫的，我為自己不僅僅乘上了時代的浪潮，還創造了浪潮本身感到自豪。

我也動筆寫過文章。文字是一種非常方便的工具。寫作涵蓋了愛好、天職、職業與工作，而我會針對寫作性質使用不同的文風。想必妳已經在寫作的樂趣中品嘗到了表達自我的喜悅。寫作是一種技能，而技能是可以磨練的。這個過程中最大的陷阱就是模仿，不只是作家，所有創作者都要面對這樣的陷阱。妳一旦產生市場價值，買家（編輯）就會邀請妳寫「類似於○○的東西」，為了複製昔日的輝煌成就，這樣最安全穩妥。但越是順著他們的要求去做，妳的市場價值就越低。

妳的母親與我給出了同樣的建議。而且她的措辭是如此精彩——「希望妳拿出更有意義的作品，為後人鋪路、搭起橋梁，並且設立路標，甚至建起避難所或瞭望臺。」我把同樣的意思表達成了「腳踏實地，積澱出不受時代和潮流所影響的東西」。不愧是鑽研文學的學者，這表達能力讓我甘拜下風。請容我再感嘆一下，能用這樣的文字交流的母女關係實在是令人羨慕（但我也不禁感慨，身為當事人的妳肯定覺得煩死了吧……）。

只有走過之後，才知道自己要走哪條路。妳不必急於決定路線與去向，不妨嘗試一下新的主題和文風。新的主題必然需要新的文風，不試試看又怎麼會知道自己能做些什麼呢？得天獨厚的環境讓妳天生可以不以為意、魯莽行事，那就好好利用這點吧。而且妳經歷過挫折與傷痛，甚至不惜刻意脫離那個優越的環境，這使妳擁有了別人沒有的財富。

如果我只能給妳一個建議，那就是永遠不要低估讀者。作家的衰頹始於低估讀者的那一刻。屆時，妳也只配擁有相應的才華。我時常告誡學生，寫文章的時候要設想一下這是寫給誰看的，文章的「收件人」最好是你能勾勒出面貌、可以用專有名詞描述的人。作為學生論文的第一位讀者，我也一直在思忖我這個讀者配不配當收件人。對大學生和研究生來說，最大的不幸莫過於無法信任和尊敬作為收件人的導師。我也經常對學生說一句話：「別以為你的收件人只在學術界這個小小天地裡。」他們經常被論文審查委員的意見牽著鼻子走，所以這樣的建議非常重要。

當然，文章也可以寫給「尚未出現的讀者」。前述提到的未成年照護者的動人故事，我覺得就是寫給其他不知身在何處，卻有著類似經歷的未成年照護者，即那些「尚未出現的讀者」。我能感受到：「啊，這些文字想必能傳到很遠的地方。」

*

不論天職、職業與工作，都無法由別人代勞。然而在信的結尾，妳說道：「除了婚姻，我們這一代的女性好像仍然缺乏保障」，看得我不禁唉聲嘆氣。任何工作都能促使我們成長。遭遇瓶頸與難題的時候，即便有最親近的人守護在身邊，能夠突破困境的也只有妳自己。被逼到極限後努力克服——這種經歷只有靠自己的力量才能體會到。人會在這個過程中嘗到成就感，建立自信。如果這種體驗伴隨著認可，那就更幸運了。如果認同是以金錢的形式出現，那就是中頭獎了。難道年輕女性沒有機會嘗到這種成就感嗎？

妳朋友的軼事也讓我不禁笑了出來。「我想起了一位法國朋友。他自稱是影像作家，一直靠失業補助和其他福利過著悠然自得的生活。他總說要利用這段時間養精蓄銳，做出一番大事業，但好幾年過去仍不見起色。」——多麼似曾相識的故事。在八〇年代的英國，社會福利制度尚有餘力，當時我結識了一群年輕人，他們一邊領著失業補助度日，一邊玩音樂、做戲劇。我覺得披頭四就是在英國那種青年文化中誕生的。那時我還感嘆，看來沒有經濟保障和時間，文化就無法誕生。然而，金錢和閒暇只是必要條件，而不是充分條件。其中區別究竟是什麼呢？

無論工作本身賺不賺錢，最大的回報都是自己內心的成就感。嘗到甜頭就會上癮……研究的樂趣就在於此。即便工作本身是為了別人，而不是為自己，也能品嘗到成就感。這是成長的喜悅，你會感覺自己達成某些事而脫胎換骨了。哪怕到我這個年紀，都能嘗到這種滋味，更何況是仍在成長期的妳。現在的自己和那時不一樣了——當妳可以說出這句話，而想要把全新的自己展現給某個人看時，可惜母親已經不在人世。

我向來認為，父母與老師存在的意義，就是有朝一日聽見孩子或學生說：「感謝你們多年來的照顧。從明天起，我再也不需要你們了。」從此以後，就只能自己來養育自己了。這些妳應該早就心知肚明才是。

2020年12月14日
上野千鶴子

Letter 9

團結

女人之間的友誼確實珍貴，
但我認爲
它不如「家人」的牽絆萬能。

上野千鶴子女士：

新的一年初始，生活又回到了緊急事態宣言的狀態。儘管有些職業的工作和生活方式正在發生巨大變化，但據我觀察，無論情況如何嚴峻，在我居住的東京市中心還是有許多人渴望與人見面交談。今天是星期六，我走進一家咖啡廳買咖啡，店裡幾乎座無虛席，或許是因為戴著口罩的關係，女性客人的說話聲聽起來比平時更響亮，而收銀檯附近的某一桌碰巧在討論「凍卵」。

我之前沒讀過《未成年照護者：我的故事》，看完您的回信便去找了書，還順帶讀了同位編者之前在中公新書出版的《未成年照護者：承擔照護工作的子女與年輕人的現實》（暫譯）。故事的講述者都是迫於眼前的局面與需求，無法專注於自身成長的孩子。希望他們的聲音能被社會各界聽到，特別是那些正默默承受命運的重擔、完全沒有意識到自己是「未成年照護者」的孩子們。話說，二〇二〇年的熱門動畫《鬼滅之刃》裡也有一個角色苦於照顧生病的父母，最後走投無路，變成了惡鬼。動畫的主角也是一名「照護者」，在父親病故後忙著照顧母親和弟妹。

我在情色產業的世界（不限於ＡＶ行業）遇過許多曾經的未成年照護者，也見過正在照顧雙親的人，男女都有。一方面因為情色產業是沒有受過多少教育或培訓的人也能輕鬆涉足的行業，另一方面似乎是因為這個世界的工作模式相對彈性，對單親媽媽與照護者來說都比較方便。他們的家庭情況各不相同，有的是家人疾病纏身或對某種東西成癮，需要人照顧；有些則是被父母依賴與寄生，遲遲無法解脫。但總結來說，我的情色產業朋友和熟人顯然比研究所、新聞業的同學和同事更能接受自己對家庭的職責，也認為履行這種職責是理所當然的。

情色產業世界照護者的面貌也並非全都令人同情。我曾經見到牛郎過著游手好閒的生活，毫無顧忌地欺騙異性，成天吃喝嫖賭，每月給父母寄的錢卻多得驚人。也經常見到出生在單親家庭的風俗女子，平時花錢如流水，工作態度惡劣，卻把患有成癮症的母親接到家裡照顧。身邊有朋友面對在旁人眼裡「糟糕的父母」，仍不停給予金援，長大成人以後也沒有逃離嚴峻的家庭環境，而是默默地接納現狀，我對此感到不知所措。您說「想必孩子們正在竭盡全力阻止家庭分崩離析，甚至不惜以自己的身體堵住裂縫」，我認為相當精闢。

當年的我，認為自己的家庭堅若磐石，於是試圖破壞、考驗和糟蹋強大的父母和他們一手建立的家。但置身於一個「脆弱、渺小而易碎」的家庭時，孩子就會試圖保護它，即便父母不是他們所選的，也沒有給他們足夠的關懷和教育。前幾天，我和牛郎俱樂部的老闆手塚真輝進行了一次對談。他出版了一本名為《歌舞伎町放浪記》的書。我們也聊到，許多牛郎明明沒有從父母那裡得到多少饋贈，卻比一般人更重視其雙親。

當時我切身體會到，進入情色產業對自己而言，在某種意義上是破壞我與父母關係的手段，對其他某些人來說，則是保護、照顧和珍惜父母的必然選擇。我之所以在那個世界裡漸漸感到迷茫與不自在，也許就是出於自卑感，畢竟我不是只有待在這裡才能活下去，而其他朋友卻是。他們自己決定了這種生存方式，可以說是「化命運為選擇的人」。置身於情色產業時，我或許是有些慚愧的，因為與那些接受命運而進入那個世界的人相比，我待在那裡的必要性如此地薄弱，而且乍看之下，我似乎是因為不願接受自己的命運才入了這行。如今想來，這樣的自卑感可能是一種天真吧。二十歲左右的時候，我很少提起出身，因為不希望別人誤以為我是個「叛逆的大小姐」。儘管不得不承認，當年自己確實有年輕人特有的那種憧憬苦難與黑暗的心態。

直到最近，我的想法才有所改變，希望充分發揮父母贈與的天賦，也覺得自己應該對這些年的境遇肩負起責任。從這個角度來看，您在上一封信裡提到：「面對自己無法選擇的出身，妳完全沒有必要感到羞愧」，給現在的我打了一劑強心針。

您問我，寫作對我來說是天職、職業還是工作。「經過研究所和新聞業那幾年的訓練，它已經成了我的職業」——我很想這麼回答，但上一次用母親的話重複您的建議後，我深刻反省並意識到自己在過去的幾年裡，幾乎都是在用對待工作的態度來寫作。

寫《AV女優的社會學》時，我設定了相當明確的「收件人」，就是那群對於置身情色產業的我們，隨便給予支持、同情或批判的學者和記者（通常是男性）。從出入原味店到走進酒店和AV行業的時期，有無數男性評論家（當然也有女性）在我們不知道的地方擅自替我們發言。尤其是與那些為了照顧父母而入行的人相較之下，我這樣沒有什麼特別理由而入行的年輕女性，吸引了大批記者爭相採訪。有時候，像《討論到天亮！》（朝まで生テレビ！）之類的談話性節目，還會自說自話地展開激烈討論。作為一個富有叛逆精神的年輕女人，我早就預料到自己的行為會被別人指責「成何體統」。儘管我打算照自己的方式活下去，對這種批評豎起中指，但看到他人說出我的心聲或出言辯護，我反而有種難以形容的不自在。眼看著某群大叔莫名其妙站在我們這邊，自以為是地替我們說話，發表熱烈的言論，「真想開一槍射穿那群大叔的後腦勺」便成了我寫碩士論文的一大動機。

離開新聞記者這一行不久之後，我拍過AV的事情就被一家週刊爆料了，當時有許多陌生人莫名其妙站在我這邊，用文不對題的發言替我批評那些帶有職業歧視的報導。那時我也有類似的違和感，「不想被他人隨便代為發言」一度成為我寫作的主要動機。現在回想起來，這背後也許就有您之前指出的「恐弱」情結。這些所作所為就像是對試圖保護自己的人放冷箭，惹人討厭也是在所難免。但那時的我，還是想把別人擅自為我發言卻沒有提到的部分寫出來。

不過，這只是最初的衝動。在疲於應對日常寫作工作的過程中，我似乎失去了那種明確的動機，越來越不清楚自己想說什麼，以及想對誰說。我可以不再為出身而羞愧，但還是想重新思考一下，憑藉自己的天賦能夠履行哪些職責。

*

前一次的主題是「獨立」，此次則是「團結」，我很想把它們結合起來一起探討。很抱歉在上一封信裡讓您唉聲嘆氣了，只是和同輩女性交談時，我總感覺大家不結婚就沒有安全感。倒不是說我周圍的朋友無法在工作中嘗到成就感，也不是指她們在經濟上不獨立。恰恰相反，照一般的標準來說，她們的收入相當高，也都從事容易帶來成就感和滿足感的工作。但是一群年近四十的人，聊天時總是圍繞著「結婚」和「生小孩」的話題打轉，仔細想想還是滿不可思議的。當然，年輕女性的年齡壓力比較小，尚未確定事業的發展方向，也還「什麼都不是」，看起來更不受婚姻和伴侶關係束縛。

疫情讓我們清楚意識到，許多人都面臨著經濟不穩定的問題。儘管在大公司位居要職，未來也充滿了不確定因素。就算有一技之長和證照，找得到有專業性的工作，潛意識裡對國家發展前景的憂慮還是讓大家無法對未來放心。我覺得這種焦慮不會因結婚而消失，不過今年元旦，我碰巧和四位單身朋友去神社，結果所有人都不約而同地買了祈求良緣的護身符，不禁苦笑。她們之中有編輯，有新聞記者，有的就職於音樂產業的龍頭企業，每個人的工作都既有成就感，收入又高，也得到了一定的認可。

這或許是因為我們被毫無惡意地灌輸了家庭觀念，以及沒結婚就不圓滿的幸福神話，又無法輕易打破它。然而，求學的時候我們更擔心的是能否找到一份有意義的工作、能不能透過喜歡的工作賺到錢，完全沒想到「沒有家庭歸屬」會讓我們這代人如此焦慮不安。可能有部分原因是在父母老去或離世之前，我們至少還有出生長大的那個家，就算自己不組建家庭，也不太容易感到孤獨。就我個人而言，在母親和祖父母相繼去世、父親與新的伴侶漸漸結為一家人之後，我才產生了一種疏離感，覺得過年的時候無家可歸了。

在社會整體結構中擁有優越地位的女性，竟如此渴望家庭，這讓我感受到源於工作的獨立仍有其局限。即使看起來足夠獨立，能透過工作樹立自信，經濟寬裕，也能切實感受到社會的認可，還是有人無法堅定地當一個單身貴族。而周圍的人能為她們提供的最立竿見影的解決方案，除了找到以結婚為前提的伴侶，就是培養故弄玄虛的嗜好或飼養寵物。說實話，我完全不知道還有什麼能讓她們不再渴望婚姻帶來的安全感。三十歲以前，單身朋友之間只會聊「父母天天催婚煩死了」，現在則無須父母出手，自己就深陷一股焦躁感之中。

當工作帶來的自信和獨立不能填補這種焦慮和孤獨時，如果我們仍然試圖在婚姻之外找尋某種連結，最先想到的就是女性友誼帶來的團結。我和朋友雖然隱約覺得缺乏安全感，卻也沒有因此而感到那麼苦悶，這恐怕也得歸功於友誼。因為我們會結伴參拜神社，共度工作之餘的閒暇時光。

儘管友誼如此寶貴，但大家總是下意識覺得，與異性的一對一組合更加無所不能。原因可能來自於許多方面，其中之一是友誼沒有像婚姻那樣的紙本契約，也不容易產生經濟上的依賴。不過我最近感觸特別深的是，女性友誼比男性友誼更容易因婚姻變質，這一點至今仍是不爭的事實。參加同學會或同事聚會，把酒言歡到深夜時，在場的男性往往有已婚者，也有單身族，分佈還算平均，留下的女性卻通通都是單身。前幾天，我參加了一場近二十人的餐會，男賓客有八位已婚，五位單身，六位女賓客卻全員單身。這讓我深刻感受到已婚女性在家庭中背負的重擔。日本還沒有將育兒工作委外他人的習慣，有這麼多已婚男士大半夜仍在外面閒晃，也代表他們的伴侶正在家裡照顧孩子。

這就意味著，好閨密其中一方結婚後，時間安排就不再如此有彈性，即使有一群親密的女性友人，結了婚的人也會一個接一個離隊。眼看著閨密們遠去，女性就會比男性更加焦慮，生怕被孤零零地丟下。既然如此，如果社會能夠矯正家庭內部事務的分擔比例，減輕養育子女的壓力，女性就更容易透過相互扶持來緩解孤獨感。

我認為，維持友誼比維持夫妻關係需要更多的勇氣和努力，畢竟後者締結了契約（儘管那不過是一張紙），在經濟上也高度共有。對於那些透過工作，實現經濟獨立的女性而言，女性之間的互助能否成為安全感的重要來源呢？您又是如何看待您與朋友的關係和互助意識呢？

女性的團結是如此困難。您鑽研的女性研究和女性主義，找到並串起了一條細線，使得曾經互不相容的女性至今有了一些連結，只是這條細線肯定會經常分分合合。在社群媒體上，我們更容易因為說出的話而團結在一起，但本該同病相憐的人卻更有可能因為理解方式的差異而產生分歧。儘管如此，我還是想好好珍惜那條在女性主義出現之前，連看都看不到的線。怪我對於友誼聊了太多，這方面的話題還是等下一次討論「女性主義」的時候，再向您深入請教吧。

2021年1月11日
鈴木涼美

人生路上有人相伴，
也許是幸運的，
也可能是不幸的。
不過到頭來終究是
「孤身一人」。

鈴木涼美女士：

妳現在是三十五歲左右，同齡人確實正處於生兒育女的階段。據二〇一九年統計，日本男性的平均初婚年齡是三一．二歲，女性則是二九．六歲，大多數人會在結婚一年內生育（而且我之前也說過，如今奉子成婚的情況占了六分之一，生小孩成了許多人結婚的前提）。再過幾年要再生第二胎的話，三十五歲左右就剛好是需要拚命照顧兩個孩子的時期（比如老大六歲、老二才四歲，或者老大四歲、老二兩歲）。

話說近半個世紀前，年近三十的我，在一個上班日沿著京都市區的河原町散步。走著走著，忽然發現路上同輩的女性竟消失得無影無蹤，彷彿潮水消退一般，不禁愕然。年輕的女子在服務業當櫃檯人員，或者在辦公室裡上班；上了年紀的阿姨則是在逛街購物；還有業務員模樣的大叔匆匆走過。可是放眼望去，完全不見任何一個已過二十五歲、稍微有點成熟的同齡女性。在那個年代，女生被比喻為聖誕蛋糕，二十四歲以前結婚才正常，過了二十五歲就會被說「年紀大了」。

我這一代的女性，平均初婚年齡是二十四歲。那個時候，她們正獨自留在家中，埋頭照顧孩子。

當時的托兒所也不比現在多。而且如果想把孩子送進托兒所，還必須遞繳就業證明，讓相關部門認定孩子是無人照護的兒童（現在上托兒所仍然需要證明孩子需要託管）。被送到托兒所的孩子是可憐的，母親把孩子送去那種地方若非出於迫不得已，比如丈夫失業或生病，不然妳就是滿腦子只想著工作、自私自利的女人。「怎麼能把孩子送去托托兒所，還不如把工作辭掉算了」——周圍的人會如此指責年輕的母親，婆婆跟親生媽媽也會出面干涉，說「不然我來幫忙帶小孩吧」。嬰兒潮世代的年輕父母更加艱難，因為他們大多來自地方鄉鎮，家裡兄弟姐妹多，更不用指望年邁父母的協助了。

那時還沒有「偽單親」（ワンオペ育児）的概念。女人帶孩子天經地義，沒有人會特意為它命名。當偽單親一詞橫空出世時，我不禁感慨萬千。ワンオペ即one operation，原本用來形容只有一個人的工作現場是多麼孤單。現在則用來表現，讓母親孤立無援地帶孩子是不對的。

當年還流傳著所謂的「三歲神話」，指三歲以前是兒童人格塑造的關鍵期，必須由媽媽自己帶，否則孩子就會心理扭曲。這是不折不扣的神話，是毫無根據的偽科學。幼稚園和托兒所也只收三歲以上的孩子。在那以前，女人只能跟孩子兩個人待在窄小的家裡，咬牙忍耐偽單親育兒的艱辛。

接著，我親眼見證了三歲神話的破滅。在職業女性休完一年育嬰假後重返工作崗位，呼籲政府解決待機兒童[1]的問題，而媒體和政客都沒有高舉三歲神話的旗幟譴責她們。九〇年代以後經濟蕭條，導致男性薪資遲遲沒有上漲，為了維持生計，妻子也必須外出工作。在這樣的大環境下，誰都不會指責在孩子滿一歲後重返崗位的職業媽媽。不僅如此，出生率下降（少子化）使勞動力更加緊縮，政府和企業都希望「女性也能出來工作」，開始認為「沒有理由不雇用女性勞動力」。我不由得感嘆道，什麼嘛，原來現實情況一變，三歲神話就全面崩塌了啊，對母親的要求也太「因時制宜」了。

話說回來，如今已成過去的政治家安倍晉三擔任首相時，曾主張延長育嬰假，提出了「三年育嬰假，盡情抱孩子」的口號，結果遭到強烈反對。搞不好他腦子裡還殘留著三歲神話。「三年也太荒唐了！」「我們不想休這麼長的假！」女性如此抗議也未受到勸阻。我都納悶當年的三歲神話跑到哪裡去了，大概是回到神話國度去了吧。

儘管「敗犬」的數量有所增加，但觀察同齡人便不難發現，多數女性仍然選擇了結婚生子，妳們這一代也不例外。一旦有了孩子，孩子和家庭就會成為人生中的重要大事，這是理所當然的。這兩件事將占據生活的大部分時間，並盤據女性的腦海。儘管我不明白為什麼當了父親的男人不會變成這樣。

眼前是一個無助而脆弱的小生命，一天沒人照護就會一命嗚呼，而且他們應該為這個生命的誕生負起一半的責任。夫妻倆一起帶孩子都很吃力了，他們卻丟下一句「孩子的事情就交給妳了」，讓妻子面臨偽單親狀態。如果孩子身體微恙，他們還敢冷

1　需要托育，但由於托兒所的額度不足，只能在家排隊等待的幼兒。

冷地說一句「不是妳負責帶孩子嗎？」若孩子有殘疾，或是得了難以痊癒的重病，他們也會逃避否認……日本的男人分明是在拋棄自己的親生骨肉。不過，他們當然也在為自己的行為付出代價。

當年沒有「偽單親」，卻有「密室育兒」和「母子相依」[2]的概念。那時投幣式寄物櫃才剛出現，把孩子拋棄在寄物櫃裡的母親就屬於我們這一代。許多走投無路的年輕母親決定丟棄甚至殺害親骨肉。二〇二〇年秋天，人們在港區某個公園裡發現了新生兒的屍體，孩子的母親是個正在找工作的女大學生。我頓時感到不寒而慄，半個世紀過去了……情況竟沒有絲毫改善。

然而，丈夫或讓女性懷孕的男方卻極少受到指責。與我同輩的作家村上龍有一部名為《寄物櫃的嬰孩》的長篇小說，講述曾經的寄物櫃棄嬰，長大後報復這個拒斥他們的世界。難道男人的想像力就那麼貧瘠，想像不出如果自己生在那個時代，完全有可能讓女方懷孕，逼得人家不得不把孩子扔進投幣式寄物櫃嗎？但我從沒有聽過男人對遺棄、殺害子女的反省之詞。

扯遠了。一談到養育孩子，我便會想起日本男性是多麼不負責任，怒氣便湧上心頭，所以才偏了題。我想表達的是，同輩女性確實會因為結婚生子先後脫離朋友圈。而在生兒育女階段，這件事成為女性人生中的頭號大事也是理所當然。偶爾見一面，聊的也全是關於孩子的事。看著當媽媽的朋友圍繞孩子的話題聊得熱烈，不免會覺得疏離，而妳正處於這個年齡層，我也是過來人。但是再多活幾年妳就會明白，這樣的時期只是人生的某個階段罷了。

*

孩子生一兩個就差不多，而且一轉眼便長大成人了。經過五年、十年，孩子就不願意跟父母同進同出。到時候，她們能在晚上出門赴約，也可以跟妳一起遠行，在外面住個幾晚都不成問題。還有一些女性會在育兒階段告一段落的同時（甚至等不到那個時候）恢復單身。我總會對她們說：「歡迎回歸單身生活。」

2　兩者都是指母親為了兼顧家務與育兒，不得不將孩子放在屋裡，確保孩子始終在自己視線範圍內。

而且我得出了一條真理：男性朋友會一個接一個離開，但女性朋友不會。

不僅如此，我有許多上年紀以後才結交的女性朋友。看到有人教育高中生或大學生「現在交的朋友是一輩子的，要把握時間」，我都不禁感嘆，你們是不是覺得人只能在年輕的時候交到朋友啊？真可悲。我還曾和最近結交的朋友相視而笑，說：「還好沒在年輕的時候認識妳，不然我們肯定成不了朋友。」

年輕時結交的朋友確實寶貴，畢竟她們見過青澀的妳，瞭解妳還滿身是刺的模樣。但與飽經風霜的女性相識相知，才更能讓我們的內心充盈豐盛。知己，知曉自己……這個詞實在精闢。哪怕一年到頭都見不上一面，哪怕受疫情影響無法親密接觸，只要知道她還在某處平安地活著，便是莫大的慰藉，而光是冒出「她萬一不在了」的念頭，失落感就足以將我吞噬。原來這就是長壽的痛苦之一啊。

眼看著知己先後離去，我的一部分也隨著與她們共度的時光一起消失在世界盡頭……自己就這樣被削了一刀又一刀，這種體驗就是長壽的苦楚吧。我曾多次目睹失去至交的長者慟哭，這恐怕是一種不同於失去家人的失落。所以我會像年幼無知的孩子一樣，不由自主地祈禱朋友們活下去，即便臥床不起，只要活著就好。

女人之間，除了孩子和家庭還能聊什麼？——常有人說這樣的蠢話。其實我們有的是話題可以聊，不聊那些也無妨。我的女性朋友大多已婚生子，但她們很少和我談起丈夫跟小孩。莫非是因為我單身，她們有所顧慮而刻意迴避嗎？還是因為她們有分寸，覺得跟外人談論家庭也沒有意義，或是有自信且認為這些問題只能自己解決？或以上皆是？

我有一位認識了足足四十年的老朋友，直到聽說她先生去世，我才知道她是已婚人士。是丈夫在她的生活中只占據了很小一部分，還是她顧慮我的感受，絕口不提？我對她們和丈夫、子女的關係是感興趣的，但她們的丈夫對我而言就是個聞所未聞、見所未見的陌生人，聽那些陌生人的故事該有多無聊啊。而且我的朋友都絕對不會在做出選擇、拿定主意之前，說「我回家跟老公商量一下」。

順帶一提，如果朋友結婚之後，跟妳走得更近的是女方，那上門拜訪時肯定會自在一些，如果跟男方更熟就並非如此了。造訪剛結婚的男性朋友新居時，難免要顧慮初次見面的太太，實在令人身心俱疲。不過，若是和女方比較熟，就能放心大膽地走進廚房跟她談天說地。還記得我認識一對夫婦，丈夫先走一步後，去他們家做客時就輕鬆多了。畢竟對方老公要是在家，我肯定還是會有所顧忌。

朋友結婚時，我總會有這樣的念頭：我和妳是朋友，但我並不想和妳老公做朋友。再說了，好朋友選的丈夫也不一定好呀（笑）。每次遇到這種情況，我都慶幸日本沒有西方那樣的夫妻文化。妻子去哪裡，丈夫就跟到哪裡，這也太煩人了。不過無論如何，最後都是孤身一人。區別不過是早晚而已。

有個朋友與志同道合的伴侶天人永隔，在先生五十多歲時便成了未亡人（就不能換個稱呼嗎？）。還有人在六十多歲時送走了丈夫，他們原本形影不離，十分恩愛。我擔心她會一蹶不振，她卻說「老公把時間送給了我」，然後全心全意地投入接下來的生活。而天天說著老公壞話，碎念「真希望他早點死」的女子卻在失去丈夫之後，陷入了長期的空虛之中，而消沉不已。她們的例子讓我不禁感嘆，夫妻可真是難懂啊。

作家小池真理子在《朝日新聞》週六專欄寫了近一年的隨筆《月夜林中的貓頭鷹》（暫譯），字裡行間透出失去配偶的椎心之痛。她的丈夫藤田宜永也是作家，我記得他們沒有小孩。最後都成了孤身一人，他們與我有同樣的命運。

妳說妳的父親有了新的伴侶是吧。女兒在媒體上寫文章，妳父親也因為隱私被曝光而感到困擾吧。不過，成年的女兒疏遠父親的新家庭雖然是人之常情，但我想提醒妳，不要急於將無處可依的心轉向婚姻和家庭。婚姻也好，家庭也罷，都不是女性的人生安全保障。畢竟從婚姻和家庭「畢業」的女性，都深有體會。

說起來，我在和男友分手、離開京都、送走父母以後，有一陣子經常對女性密友嘟囔著「我沒有家了，好想要有個家」，覺得自己到頭來終究是無家可歸了。在東京雖然有住所，但總覺得那是個臨時的落腳處。因為東京有工作可做，所以才跑去那裡打工幹活，但那不是生活的地方。正是在那個時候，我憑著衝動，買下了現在為了躲避疫情而隱居的山區土地。在那之前，我從沒想過自己會買地蓋房。還記得當時有人問：「這地買了有什麼用啊？」我回答：「管它的，就買來放著吧。」說穿了，其實是為了自己的心理健康才買的。

為我和這塊地牽線的女性朋友早就在當地定居了。我問她：「在這裡蓋房子的，都是些什麼人呢？」她如此回答：「唔……都是放棄在東京蓋房子的人。」這話還真沒說錯，在這一帶，妳可以用比東京公寓便宜許多的價格買到附有土地的房子。這筆廉價的投資成了一劑良藥，治療著「我好想有個家」的病。

這塊地我本想閒置它，但最後還是蓋了房子，這是一個明智的決定。因為離開「公司」時，我不得不搬走堆在研究室的大量書籍。好不容易處理掉了一半，但剩下的總得找個地方存放。東京都內的公寓一坪要好幾百萬，哪來的地方放書？而建在山裡的這棟房子堪比裝滿書的書庫。在空無一人、好似閱覽室的空間裡獨自閱讀寫作，真是太幸福了。

＊

話說，在結交女性友人的時候，我一直有意識地和比自己大十歲左右的人來往。如果年齡相差二十或三十歲，妳會很難想像那個年紀的自己；但只差十歲的話，便能進入想像力可及的範圍。於是妳就會知道「喔，我再過十年會變成這樣啊」。因此，我三十多歲的時候會問四十多歲的朋友：「過了四十歲會不會輕鬆一點？」四十多歲的時候則問「五十歲以後會不會輕鬆一點？」其中，一位我十分敬重的女士給出了令人難忘的回答：「嗯……四十多歲有四十多歲的苦，五十多歲有五十多歲的苦。人啊，無論多大年紀，日子都無法輕鬆。」她在晚年遭受了親朋好友的無情背叛，嘗盡了難以言喻的苦澀。

她在年近七十時，寫了一首名為〈歸途〉的詩。其中有這樣一段：

此去向何處，歸途何其長。

可見上了年紀的人也一樣無處可歸。家庭和子女都成不了「歸處」。在人生的旅途中，或許有人與妳同行，也可能沒有。有旅伴也許是幸運的，也可能是不幸的。有時候，旅伴確實能為我們的人生增添光彩。

不過到頭來，我們終究是孤身一人。只要先做好這樣的心理準備，便不難做出選擇了。

2021年1月26日
上野千鶴子

Letter 10

女性主義

希望那些
想要享受「做女人」的人，
也能接觸到女性主義。

上野千鶴子女士：

正如您所說，我的朋友現在確實忙著生兒育女。未婚的，則趕在四十歲大關之前，成群步入婚姻，而掀起了第二波的結婚熱潮。您在信裡說「這樣的時期只是人生的某個階段罷了」，令我大受鼓舞。我們這個年紀的單身女性，總是不知不覺就退回到「不成家就不放心」、「再不結婚就糟糕了」的思維中。主要原因之一，恐怕就是周圍的單身族越來越少。得知大家會隨著孩子成長與離婚或喪偶回歸單身行列，讓我覺得眼前彷彿亮起了一盞希望的明燈。

因為沒有伴侶和孩子而感到焦慮的另一個因素是，看著年邁的父母住院、定期去醫院看診或漸漸迎來死亡，我們必然會意識到，在當前的社會環境下，生病時基本上只能指望家人。比方說，母親生病時都是我和父親在照顧，但如果我生病了，恐怕不會有家人來看護，我曾一度對此感到相當恐懼。但您的話語讓我再次認識到，這種焦慮並不會因為組建家庭而消失。

見您提起寄物櫃，我想起一件案子。大概三年前，有人在歌舞伎町的投幣式寄物櫃裡發現了一具女嬰的屍體。我記得很清楚，因為那個寄物櫃剛好在我好友的店所在大樓正對面，一時之間，住歌舞伎町的朋友都在討論這件事。各種傳言在狹小的紅燈區迅速傳開，和某女因為「太喜歡他了」而捅傷牛郎的情況[1]如出一轍：加害者好像是某某的熟人，據說被害者在某家店上班……紅燈區本就是充滿流言蜚語的地方，社群媒體的普及更是讓傳播速度加快了十倍。

寄物櫃事件發生後，孩子的母親很快就因涉嫌棄屍遭到警方逮捕。當時在歌舞伎町附近出沒的女性，都在猜測孩子的父親是誰，傳出了「聽說男方是那家店的誰誰誰」等資訊。消息還停留在「傳聞」階段就曝出了有明確指向性的名詞，這非常危險，畢竟無辜的人也可能因此被牽扯進去。但懷孕明明也有男人參與其中，在漫畫咖啡廳心驚膽戰地生下了孩子、殺死孩子、又把屍體扔進寄物櫃的卻是女人。如果她沒有殺死那個孩子，日後的「家長」恐怕也只有她一個女人而已，所以當時才會有許多女性對這種不公浮現出無聲的憤慨吧。

這週也有媒體報導稱警方透過最先進的DNA鑑定技術，鎖定了二十二年前遺棄嬰兒的母親。社群媒體上有很多網友表示，既然技術都這麼發達了，那就應該把父親也一併揪出來。

只要仍然僅有女性能夠生育，那麼，無論最終是把孩子生下來扶養長大還是墮胎，男方都是按照自己的意願決定要不要介入（不管是出錢還是出力）。從某種角度來看，撫養費和墮胎費都取決於男方的善意，這未免也太不牢靠了。婚姻便是「姑且在法律層面上對這種善意制定了規矩，但無論對方有沒有善意，女人一旦懷孕，就只能生下來或墮掉，只有男人可以任意挑選」。不過我個人覺得，期待所有男人改正這種不負責的行為也是徒勞，所以唯一的辦法就是大力援助那些未婚的單親媽媽，為生育或墮胎的貧困女性提供支持。

置身於情色產業世界的時候，我見過許多單親媽媽因為工作時間彈性而入行。還

1　二〇一九年，東京一名女子刺傷了一名男子，在接受審問時表示「因為太喜歡他了，想和他一起去死」。該名男子是一名牛郎，曾與女子發生性關係並承諾結婚，而女子為了讓他成為店裡的紅牌，不惜進入風俗行業賺錢。

有不少性工作者（男女皆有）由單親媽媽撫養長大，因為一心想要盡快獨立，所以才選了這一行。

因此，我認為最為必要的生育補助政策就是對單親媽媽的援助，政府應該在這方面出一份力。不過您和社會學家古市憲壽對談時曾指出：「那豈不是在建立讓男人更加不負責任的制度嗎？」（當時二位正好聊到援助未婚單親媽媽、讓女性可以獨立撫養子女的制度也更加有利於男方逃避責任。）讀到這句話時，我不禁感到垂頭喪氣，心想「確實也存在這種問題」。而且正如我在信中多次提及的，我的觀點背後往往是對男人的絕望和死心。這件事也讓我再次深深覺得，用一句「期望他們做出改變也是徒勞」敷衍了事，反而便宜了那些不想改變現狀的男人。我切身體會到，問題就在於我將男人的不負責任看成了理所當然，對他們死了心。

＊

除了朋友接連結婚生子造成的孤獨，與我同輩的近四十歲女性仍然渴望婚姻的另一個原因，可能與我們的青春時代有關。當時所謂的後女性主義[2]在英美等國家大行其道。二十一世紀初的日本，在女性時尚雜誌《CanCam》熱賣等因素的影響下，新保守主義的提倡者隨處可見。我屬於援交辣妹那一代，《CanCam》暢銷的時候，我剛好屬於其核心讀者群（大學生），所以我們這一代人可以說是明顯受到了日本這種開倒車現象的浸染。

如今，活躍在各大社群媒體，用話題和標籤發起運動的生力軍是比我更年輕的一代。一方面當然是因為她們從小使用社群媒體，反應比較快。另一方面大概是因為，與我們的青春時代相比，社會上逐漸形成了一種「不懼怕自稱為女性主義者」的氛圍，而且受美國名流主導的女性主義熱潮所影響，越來越多女性認為自稱為女性主義者是一件很酷的事情。

相反地，以前許多網友在社群媒體上譴責性別歧視、抗議不公待遇時，會先聲明「我不是女權主義者」，這種情況也引起了世人的關注。與年輕一代相比，我這個

2　八〇年代在歐美國家出現的思潮，認為女性主義過時或誇大了問題，男女不平等的時代已經過去。

年代和比我稍微年長的一輩人更常發出這種聲明。不想被貼上「女權」的標籤，但又想好好抗議，一看就是二十一世紀初成年的那代人特有的心態。然而，聲明之後卻往往緊跟著不折不扣的女性主義言論，於是我想，也許很多女性並不是排斥女性主義本身，而是接受不了「女權」這個稱呼。

在我看來，「我不是女權主義者」中的「女權」，指的可能是狹義的激進女性主義。許多女性認為沒有大力批判父權體制的必要，因為她們在學習機會、就業環境等方面，沒有經歷過明顯的性別歧視，覺得當被害者有些不合時宜，對言論限制也不那麼感興趣。換句話說，她們認為自己不屬於那個群體，儘管曾受益於女性主義，但現在已經不需要它了。對我們那一代人來說，這種現象很容易理解。這與英美等國家主張後女性主義的女性是不是很相似？

在九〇年代末到二十一世紀初的流行文化之中，女性主義者往往被局限在一種極端的刻板印象裡。當時，我也絲毫不覺得女性主義會與自己的生活和人生產生任何關聯，至少在上大學之前是如此。我對女性主義的認識仍然相當淺薄，只覺得幫助那些受壓迫者的思想並不是用來拯救我們這一代人的。多年之後我才意識到，當年的自己錯失了太多。我現在對女性主義的印象是，它就像一張又大又薄、五顏六色的毛毯，由無數條紗線編織而成，其中有那麼幾條連接在我自己身上。

要是能早點從這塊廣闊的土壤中撈出一條紗線就好了。畢竟如今生活在東京的女性，多多少少都受益於女性主義。依照主題的不同，女性主義也朝向四面八方多元發展，然而，在其中總是會有自己難以接受的論點，這些部分在某種惡意下形成刻板印象，讓許多女性因此錯失了更認識女性主義的機會。我認為其中的原因在於外部的汙名化，但為什麼女性主義者的刻板印象沒有被塑造成性解放，而被塑造為言論限制呢？有一段時間，美國的法政劇裡出現了許多要求政府管制色情產品、抗議職場性騷擾的女性主義者。拜其所賜，我的不少同齡人不幸錯過了學習女性主義的機會。

不過在森喜朗[3]引發的抗議浪潮中，很少看到「我不是女權」這樣的聲明。我感

3　二〇二一年二月三日，日本前首相森喜朗（時任東京奧組委主席）抱怨女性在會議上「話太多，競爭心強，一個說完另一個也一定要說」，因此建議限制女性的發言時間。

覺森喜朗的失言和後續的一系列騷動足以說明，儘管當代女性擁有且做出了多樣的選擇，但大家會因為同是女人而產生相似的感受。如果女性主義這條紗線在此時想盡辦法把女性團結在一起，那應該就不會有女性感到抗拒了。

這類運動（好比#MeToo）具有強大的爆發力，可以讓人懷抱當事人的心態，完全不抗拒參與其中，只是容易曇花一現。但無論如何，我希望女性主義這個詞能像紗線一樣，任何人都可以輕易觸及與掌握。

*

在過去的幾年裡，陌生人在社群媒體上對我的批判（我不太想用「批判」這個詞，也許應該說是更隨意、非正式的壞話？）呈現明顯的兩極化，一半說我是「極端女權主義者」，另一半人則說我是「反女權的父權走狗」。我在文章裡講述了自己仗著年輕，大肆利用由男人賦予、但我實際上並不具備的價值，而嘗盡了甜頭，從這個角度來看，我確實算得上性別歧視的幫兇，但也寫下了在那個世界近距離觀察到的男人帶來的危害，所以同時成了男性的公敵。我也知道自己的態度不夠堅定，總是左右搖擺，一直都有些抗拒明確標榜「我是這個立場的人」。正因為我沒有明確主張什麼，人們才會受不同語境的影響，對我產生迥異的印象。

還記得十多年前讀研究所的時候，許多人一聽說我的研究涉及色情作品（pornography）和賣娼，就想立刻弄清楚我到底是限制色情派還是捍衛表達派，是反對賣娼還是支持賣娼，非要辨別出我的立場不可。他們跟查戶口一樣發問：「妳喜歡麥金儂[4]嗎？妳同意斯特羅森[5]在《為色情辯護》（暫譯）中的觀點嗎？妳對廢公娼有什麼看法？妳同意『性工作是工作』嗎？」……這確實是研究者的宿命。不過在學者之中，賣娼的確是一個意見分歧特別大、爭論也相當激烈的議題，而且反對和擁護的邏輯都簡明易懂，所以對方經常要我澄清立場。

4　凱瑟琳．麥金儂（Catharine MacKinnon），美國女性主義者，認為色情作品侵犯人權，主張教育與職場中的性騷擾構成了性別歧視。

5　納迪娜．斯特羅森（Nadine Strossen），美國自由主義女性主義者，反對審查色情製品，認為審查反而會使女性陷入更危險的處境。

我記得很清楚，出版碩士論文的時候，許多人最優先想知道的就是這本書的立場。這也許是因為一般人絕對不會為強姦或虐童辯護，但明確擁護援交和色情作品的人卻和厭惡它們的人一樣多。九〇年代，支持禁忌言論審查派和反對審查派幾乎勢均力敵，以致於當時興起一股逢人就問「你站哪一邊」的風潮，在大學裡更為明顯。也許是因為我們經歷過熱烈探討女高中生援交的時代吧。

我認為「賣娼不太好」，這點與堅持在日本發聲的性工作者協會成員水火不容。但我也覺得「賣娼這行還挺有意思的」，可以就這部分跟她們開懷暢談。但我一說自己對心理學家河合隼雄所謂的「（援交）有害靈魂」（當時大家都愛談論這句話）還是有些感觸，她們就立即把我劃入敵軍的範疇。我常常毫不掩飾自己對出賣性的厭惡，所以致力於性工作者權益和去汙名化的人基本上都看我不順眼。甚至有前輩建議我：「如果要以AV為題材，最好先適當加一段聲明，比如『支持審查派的活動當然也很重要～』，這樣才不容易挨罵。」我個人覺得，雙方的觀點都可以理解，卻也都有無法接受的地方。也許正因如此，我養成了閃爍其辭的習慣，從來不說自己是〇〇派或屬於〇〇群體。

在某些話題上討厭某個人，在其他話題上又贊成那個人的觀點，這很正常，但最近時常有人指著我說：「妳以前明明跟他們針鋒相對，怎麼投敵叛變了！」「妳在討好女權！」「這次又跑去跟男人獻媚了！」

圍繞女性主義積極討論固然很好，無奈在社群媒體上，封鎖別人、在同溫層內取暖是那麼容易，所以我有時也會擔心，一方若是為另一方貼上「非女性主義者」的標籤並將其驅逐，女性主義這條細長的紗線就會被過度切割，人們逐漸只能接受對所有話題的立場皆達成一致的小團體，而這很有可能再次提高女性主義的門檻，就像我們這代人在十幾歲時體會過的經驗一樣。

如今的局面與九〇年代圍繞色情作品的討論雷同，支持言論審查派和表達自由派都聲稱對方不是真正的女性主義者。而在社群媒體上，簡單粗暴的主張能吸引更多的關注，所以我總覺得支持言論審查的人似乎占了上風。針對一張帶有性別歧視色彩的圖片、有種族主義傾向的仇恨言論或政客的失言，網友很容易就可以發起連署運動，向大眾呼籲：「不覺得這讓人很不舒服嗎？我們來抗議吧！」這種事情特別容易在社群媒體上演，我也認為這樣挺好的，但反過來說，社群上可能就不適合探討「言論審查有時候是不是太過分了」、「會不會有一些表達自由被扼殺在搖籃裡」之類的議題。我擔心大家如果沒有注意到這種失衡，那些我在高中便厭倦了的刻板印象，也許會在娛樂產業中死灰復燃。

*

之所以產生這樣的想法，是因為我覺得女性主義的討論本應出現在更觸手可及的地方，讓許多人在不同的人生階段接觸到女性主義並獲得救贖。現在回想起來，高中還有當酒店陪酒小姐和AV女優的時期，我一點都不認為女性主義可以拯救自己，只覺得它是一門學問，會巧妙利用我們講述的經歷，一下子說我們有主體性，一下子又反過來說我們是被害者。不過，這樣的日常在女人的人生中只占了極小一部分。而當一個人沉浸在快樂的非日常生活裡，尤其是感覺不到問題存在時，是不需要思想的，這在某種程度來看也是理所當然，但熱鬧的慶典過後，人生依然得繼續下去，歡騰之間也許還夾雜著痛苦的日常。儘管男人為性設定了雙重標準，我的身體也曾是他們性別歧視的幫兇，但現在感覺輕鬆多了，因為我告訴自己，女性主義與我做出這一選擇時的自由並不矛盾。

有些女性對自己的境遇整體而言是滿意的，想要歌頌身為女人的樂趣，有時甚至會享受男女之間不平等的狀態。她們不太渴望追求性解放，也不覺得自己受到壓迫，想享受包括色情作品在內的各種表達方式，所以她們認為自己不算女權主義者。我倒覺得讓她們產生這種認知的社會相當可悲。女性主義的魅力就在於，它像一塊寬敞的地毯，五顏六色的紗線穿插其中，妳可以在既有觀點的基礎上接觸到它，而它並不要求妳為之反省。即使妳不把日常生活的某種不便視為男性歧視女性的結果，女性主義中的思想也有可能向妳伸出援手。

所以我在感性上很排斥這樣的說法：「反正機會不平等已經很大程度得到了改善，剩下的問題就讓當事人各自處理吧，多謝了，女性主義，是時候說再見了！」「現在是後女性主義時代了！」如今女性做出了各式各樣的選擇，大家都有自己的觀點，也有發聲的平臺，所以要將她們團結起來確實有些困難。儘管如此，我還是殷切地希望，大家不要把女性主義當成「總有一天要揮手告別」的東西，而是在有需要的時候，從五顏六色的紗線交織而成的女性主義地毯中挑出能幫助妳的那部分，也不要因為在少數話題上意見相左，就驅逐那些認為自己擁有了自由、但又想再更自由一點的女性，而是與她們同心協力。

2021年2月11日

鈴木涼美

女性主義
是如火如荼的言論競技場，
沒有異端審判，
也沒有除名。

鈴木涼美女士：

一眨眼，我們的通信已進行到第十次了。這次終於聊到了女性主義。妳之前說過，妳的觀點建立在對男人的絕望和死心上，覺得「對他們抱有任何期望都是徒勞」，而且「男人的不負責任是理所當然的」。

嗯，不難想像，進入情色產業的教訓之一就是讓妳學會了輕視男人。這可能是因為來尋求情色產業女性的男人曝露了他們最醜陋的一面，企圖依靠金錢和權力來占女人的便宜（而且是以最膚淺的方式）。那些男人說不定也有志氣和才能，只是在情色產業的世界無從發揮而已。事實上，他們特意來到情色場所消費，也許就是為了毫無防備地展露自己的真實想法和沒出息的一面。

寫著寫著，我不禁感慨：什麼嘛，其實女公關跟妻子也沒什麼區別。一個踏入社會的男性在工作中表現得多麼威風可靠，妻子和孩子都很少有機會見到那樣的他，反而更常看到他在家裡不負責任、窩囊邋遢的一面。然而那些所謂英雄人物的公眾形象，和家人對他們的評價有著巨大的落差。大多數妻子都覺得丈夫是「自說自話、無可救藥的人」，抱著這樣的念頭伺候他們，有時還得忍受拳打腳踢。

我的父親就是如此。日語裡有個「只對外人好」的說法，形容的就是他那種情況。外人對父親讚不絕口，說他紳士又溫柔，殊不知他在家裡是個大男人主義的暴君。他去世後，以前經常找他看診的人來參加葬禮，我才知道病患有多麼信任他，但這是家人從未見過的一面。像是「大阪兩孩童餓死事件」[6]中的單親媽媽，在最後時刻向她父親求助，卻慘遭拒絕，而這位父親是備受尊敬的高中橄欖球隊教練。對親生女兒性虐待的父親是當地名人的情況也屢見不鮮。

不過話說回來，為什麼男人能如此毫無防備地向女人坦露自己最自私、最卑劣的一面呢？為什麼可以厚著臉皮要求女人全盤接受他們的無理要求呢？

6　二〇一〇年七月，警方在大阪某公寓發現三歲女童和一歲男童的屍體，家中沒有大人和食物。隨後，兩個孩子的母親（風俗業工作者）被捕，被判殺人罪。

妳聽說過「卡珊德拉症候群」嗎？據說它專指女性的丈夫有發展遲緩[7]時所面臨的磨難。卡珊德拉是希臘神話中的特洛伊公主，她在特洛伊陷落時受盡凌辱，成了阿格曼儂的戰利品，最後被阿格曼儂的妻子柯萊特牡殺害，一生坎坷[8]。

卡珊德拉們的報告中盡是妻子的控訴[9]。丈夫堅持自己的做法，還將它強加在妻子身上，使得妻子不得不一味忍耐。丈夫永遠將自己放在第一順位，對妻子和小孩漠不關心，除非有具體的指示，否則就坐著一動也不動。找他們商量一些複雜的事情，便默不作聲，跟石頭一樣不發出任何一點聲響。其中不乏超乎想像、令人說不出話的案例。有個丈夫特別講究冰箱裡的物品擺法，妻子每次買冷藏食品回來放入冰箱，他都要把裡面的東西全部拿出來重新整理。

還有妻子提到不敢把孩子交給丈夫帶，因為要是留下孩子獨自出門，丈夫就會放著不管自己出去慢跑。我見過不少妻子因為擔心丈夫無法好好照顧孩子而不敢出門。孩子是夫妻倆共同的責任，但妳不敢把孩子交給他帶，卻敢跟這樣的男人上床，還懷了他的孩子。誰都不會突然變成父母，女人也需要慢慢累積經驗，在這個過程中逐漸蛻變為一位母親。男人又不是沒有學習能力，但妻子往往對丈夫的期望值太低，於是不得不獨自扛起一切，這樣的情況不僅限於卡珊德拉症候群的患者。

我越聽越覺得卡珊德拉們的控訴毫無新意，也越不明白她們跟普通家庭的妻子到底有什麼區別。男人認為老子是家庭的中心，誰都不准反抗自己的做法與原則，如果家人無法容忍，便以暴力或無視來回應……這麼說起來，家暴男也是如此。目黑區虐童案的死者結愛的繼父船戶雄大就是這樣，他堅信只要自己在家裡，家人就該圍著他轉，時時刻刻把他放在第一位，還強迫家人服從。若是反抗，等待他們的就是暴力和沒完沒了的說教[10]。

有發展遲緩的男性之所以結得了婚，是因為他們作為社會的一分子在職場是吃得

7 包括自閉症、亞斯伯格症候群與其他廣泛性發展障礙、學習障礙、注意力不足過動症及其他類似腦功能障礙的症狀。
8 卡珊德拉被阿波羅賜予預言能力，但因抗拒阿波羅而被詛咒預言無人相信。女性主義理論借助這一神話形象，說明女性的聲音不受重視。卡珊德拉症候群的特徵，便是當事人的痛苦經歷不被人相信。
9 出自真行結子《我老公有發展遲緩？》（私の夫は発達障害？，暫譯），すばる舍，二〇二〇年。
10 參見船戶優里《致結愛 目黑區虐童致死案 母親的獄中手記》（結愛へ 目黒区虐待死事件 母の獄中手記，暫譯），小學館，二〇二〇年。

開的，至少在婚前，他們不會那樣對待自己的伴侶。等結了婚以後，開始共度日常生活，妻子才會驚訝地發現丈夫的怪癖和異常。專業人士建議她們把丈夫當病人對待，因為發展遲緩是一種疾病，但就算他們是病人，侵犯妻子權益的行為也不該被容忍。既然他們能在家庭之外扮演好社會的角色，照顧他人的感受，那回到家以後也應該這麼做。然而，專家卻建議妻子在丈夫回家後幫忙紓解，因為有發展遲緩的丈夫在外面承受了極大的壓力。

這與傳統的妻子角色並沒有什麼不同——幫丈夫緩解緊張情緒被視為妻子的職責，因為「男人一出門就有七個敵人」[11]。莫非女人一旦成為「自己人」，就會化身為方便好用的化糞池，可以無限處理各種汙物？看到男人展現出這樣的一面，女人不就自然無法再尊重男人了嗎？我真想對男人說，要得到女人的尊重，你就該表現得讓她們可以尊重你。

說回情色產業。男人既有高尚的，也有卑鄙的（女人也是）。同一個人格也可以既高尚又卑鄙。「我當女公關是為了累積社會經驗，來店裡消費的客人都是業界菁英，受過良好的教育，舉止得體，對我們也很體貼，我真的從他們身上學到了很多東西。」——抱持這種觀點的情色產業女性也不是完全沒有，但我相信她們同樣看到了男性討人厭的一面，說不定還比值得尊敬的一面更多。

＊

我無意指出「反正男人已經無藥可救了」。因為說「男人沒救了」或「女人沒救了」，和說「人沒救了」一樣，都是一種褻瀆。人有可能是卑鄙狡猾的，但也可以是卓越崇高的。社會學家有觀察統計趨勢的習慣，所以看到離婚男人不負責任的案例時，我們也會想：「呵，男人真是沒救了。」但並不是所有男人都是如此。作家石牟禮道子筆下的男女們有多麼拚命，讓我不自覺感嘆道「人真是堅強」。一想到世上有中村哲醫生[12]這樣的人，我便肅然起敬，他是肯定不會去紅燈區的。總之，我們可以在書中遇到令人可敬的男女。

11　日本江戶時代的俗語，指男人在外要面對多重挑戰和壓力。
12　在阿富汗展開人道救援長達三十年的醫生，二〇一九年因槍擊身亡。

每次讀心理學家霜山德爾的書[13]，我都會被深深感動。他留下了「自燈明」三個字，意為在黑暗中行走時，依靠微弱的亮光照亮自己的腳下，而為點亮黑暗而燃燒的，可能是自己的生命。每個人摸黑前行，靠著僅有的燈光照亮腳下的畫面浮現在我眼前，霜山先生也在其中。光想到世上有他這樣的人，就覺得人生活得有價值。

妳反覆問我「如何能對男人不感到絕望」，我之所以相信他人，是因為遇到了讓我覺得值得相信的人，與他們的關係啟發了我最純淨美好的一面。人的善惡取決於關係。惡意會牽引出惡意，善意則會得到善意的回報。權力會滋長揣摩上意與阿諛奉承，無助會催生出傲慢和自大。我看某人不順眼，對方可能覺得我更討人厭。也許大家都有狡猾卑劣的一面，若想讓自己心中的美好成長壯大，遠離計較得失的關係才是明智之舉。

＊

妳在上一封信裡提到了「我不是女權主義者」這個說法。想要和其他人分享對父權社會的氣憤，卻又不想被打上女性主義者的標籤，也不想自稱為女性主義者。話說我最近和攝影家長島有里枝進行了一次對談，剛好聊到了I'm not a feminist, but…（我不是女權主義者，但……）。我曾為她的著作《從我輩的「女子拍照」到我們的「女孩攝影[14]」》（暫譯）寫過書評，於是邀請她參加由我擔任理事長的NPO組織WAN（Women's Action Network）的上野討論組書評會。在會中談論各種話題之後，她覺得意猶未盡，便邀約我進行了此次對談[15]。

在對談中，她講述了自己和九〇年代嶄露頭角的其他年輕女性攝影師，是如何與女性主義保持距離的。九〇年代的她，恰好如妳所說，是「覺得沒有大力批判父權體制的必要，因為她們在學習機會、就業環境等方面沒有經歷過明顯的性別歧視，也覺得當被害者有些不合時宜」的女性之一，「儘管曾受益於女性主義，但現在已經不需要它了」。當時，有人喊出後女性主義一詞，說受夠了成天把「女性」掛在

13 霜山德爾《霜山德爾著作集》（共七卷），學樹書院，一九九九-二〇〇一年。第六卷《多愁多恨亦悠悠》的導讀為上野所作。

14 女孩攝影（girly photo），是指日記性質的生活快照美學，與男性鏡頭下的女性不同，這種攝影充斥著女性攝影師的個人語言和私人體驗。

15 上野千鶴子〈攝影史的 herstory〉，《新潮》雜誌二〇二〇年七月號。對談〈動向很有趣〉刊登於二〇二一年四月號。

嘴邊的日子，認為女性主義的時代已經結束。部分男性也說：「妳們還在嚷嚷這些啊，女性主義早就過時了。」從一九九〇年到一九九五年，我出版了六冊《新女性主義評論》（暫譯），有人提議將書名定為《後女性主義評論》，市面上也有一些書名開始使用這個詞，但我仍堅持：「等一下，現在說『後』還太早。」當時「社會性別」這個學術用語尚未確立，連性騷擾、家暴的概念都才剛剛普及。

數據清楚地告訴我們，對女性的歧視並沒有消失。在世界經濟論壇二〇二〇年的全球性別差距報告中，日本的指數排在第一百二十一位，這成了一張顯而易見的底牌，彷彿水戶黃門隨扈的一聲吆喝：「難道沒看見這個家徽嗎？[16]」那時大叔還口口聲聲說什麼「日本女人已經夠強勢，不需要再強勢了」，但如今沒有一個人敢說日本不存在性別歧視。而且前任東京奧組委主席森喜朗引發的一系列風波也足以表明，人們已經理所當然地將那種言論判定為「歧視女性」，無須在每次指出問題之前聲明我不是女權主義者了。

I'm not a feminist, but...是有典故的。在婦女解放運動興起的時候，許多女性都說過I'm not a lib, but...。言外之意是，「我對她們的觀點有所共鳴，但不希望被視為與她們一樣的人」。運動參與者的聲音被扣上「高亢的尖叫聲」、「醜女的歇斯底里」等汙名，受盡揶揄。對那些說I'm not a lib, but...的女性來說，I'm a feminist便是由此延伸而來。可能是因為和婦女解放運動相比，女性主義在歷史上較為正統的術語，聽起來更知性文雅一些吧。解放運動的女性還記著這份仇，所以至今仍然主張「婦女解放運動和女性主義不一樣」，因為她們扛住了汙名，進行了英勇的鬥爭，並為此感到自豪。由於被扣上了婊子、女巫之類的帽子，她們之中的某些人甚至主動以「女巫」自居，組織女巫音樂會。

那些說I'm not a lib, but...的女性立即遭到了報復，因為女性主義也迅速被汙名化。後來，隨著「社會性別」這一學術用語的引進，有一群人表示「我是立場中立且公正地做性別研究，並不需要為此成為女性主義者」。要知道社會性別本就是描述男女權力關係不對等的術語，所以它不可能是「中立且公正」的。照理說，女性

16 水戶黃門是江戶時代水戶藩藩主德川光圀的別稱。在改編的時代劇中，他的隨扈每次都會亮出繪有家徽的印籠，作惡之徒見了立刻跪地求饒。

主義應該是女性解放的思想與實踐，社會性別研究則是實現這一目標的理論基礎，兩者相輔相成，缺一不可。

只怪gender（性別）這個外來語太令人迷惑，還穿上了學術用語的外衣，使得一些人更熱衷於社會性別理論而非女性主義。那群人認為研究社會性別比女性研究更酷（當時人們普遍認為女性研究是二流學問），於是又催生出了另一群人立場鮮明地說自己在研究女性主義。漸漸地，社會性別也被汙名化了，在一波基於誤解和曲解的反性別平等運動[17]之後，旨在讓社會性別失效的攻擊開始了。

在此之前，政府公文裡的「男女平等」就已經被晦澀的「男女共同參與」[18]給取代。全國各地的「女性服務中心」也都把招牌改成了「男女共同參與中心」。男性也被納入到政策當中，本就少得可憐的女性政策預算得撥出一部分給男性，各地還舉辦了男性廚藝教室。與此同時，「女性已經足夠強大，不再需要女性服務中心」的言論捲土重來，以致於各地都出現了廢除這些機構的聲浪。女性服務中心是政府的地方行政機關，若想明確體現出設置此類機關的政策目標，稱為「男女平等中心」恐怕都不夠，改成「消滅女性歧視中心」最有效。無論女性做什麼，都會被汙名化，被打成二流，被視而不見，被打回原點。

我講了許多社會性別研究領域的事情。在妳看來，這一切似乎都發生在另一個世界。之所以說這些，是因為我覺得妳們這一代人好像與這些運動毫無交集。在與團塊二代的作家雨宮處凜對談[19]時，她表示「女性主義連我的一根髮絲都沒碰到」，這令我頗為震驚。女性服務中心的目標群體是在地的已婚女性，職業女性和單身女性卻很難得到相關政策的支持，也沒有針對她們的服務項目。社區的全日制市民和定時制市民[20]在每天下午五點交換位置，雙方沒有任何交集。

那時候，我每次去地方的女性服務中心，負責人都會感嘆：「在這裡啊，社會性

17 一九九九年，日本頒布《男女共同參與社會基本法》後出現大批反對者，認為促進性別平等的措施破壞了傳統與家庭。

18 《男女共同參與社會基本法》聲稱要建立一個「男女共同參與的社會」。女性主義者認為這一用詞刻意模糊了男女不平等的事實，實質是號召女性既要育兒又要工作，變相惡化了女性的生存處境。

19 收錄於上野千鶴子、雨宮處凜《世代之痛：團塊二代問團塊一代》（世代の痛み，暫譯），中公新書ラクレ，二〇一七年。

20 全日制市民指兒童、主婦、老人、自由工作者等白天黑夜都在當地的居民；定時制市民則指需離開住宅去工作的人。

別這個詞都沒人聽過。」但不瞭解社會性別和女性主義也沒關係，只要年輕女性能自由自在地活出自己就行了。我始終認為，是否自稱女性主義者並不重要，關鍵不在於頭銜，而在於本質。

在長島有里枝作為新生代女性攝影師登上歷史舞臺的九〇年代，日本也興建了東京都攝影美術館，這意味著攝影在藝術界獲得了公民權。剛從美國回來的笠原美智子也因此得到了大顯身手的機會，以策展人的身分積極舉辦一系列關於社會性別的展覽。也正是她讓我將視線投向了攝影界。一九九一年「走向名為『我』的未知：當代女性自畫像」、一九九六年「社會性別：來自記憶的邊緣」、一九九八年「Love's Body：裸體攝影的近現代」……光是列舉這些展覽的主題，便知她對工作是何等投入。她還有一本書名非常直截了當的著作，《性別攝影論：一九九一－二〇一七》。但在這本書裡，妳找不到任何一位受雜誌追捧的年輕女攝影家（如長島女士、HIROMIX、蜷川實花）。我很想知道笠原女士這麼做的原因，她剛好也同意為長島女士的書撰寫評論，所以我抱著期待參加了書評討論會。

在我與長島女士的對談中，我問她是否知道和她活躍於同一時期的笠原女士策劃的展覽。長島女士表示，她當時就讀於美術大學的設計系，完全沒接觸到那方面的資訊，而且那時她沉迷電影，對這種展覽也不感興趣。我還問過另一位當年立志成為攝影家的女性，她回答「知道是知道，但沒有深入瞭解」。在笠原女士積極發聲的時候，她的聲音卻沒有被最該聽見的人聽見。

我不禁覺得真是太可惜了！可惜的不僅僅是以長島女士為首的新生代攝影師沒有與笠原女士有所交流。她們本該有機會看到笠原女士介紹的海外女性攝影家，如何面對相同的煩惱和挑戰並頑強地生存下去。「運動」就是這樣產生的。女性運動也是運動，它形成的前提條件就是確立「我們身為女性」這一集體的身分認知，而這種認知完全可以在想像的層面上與素未謀面的陌生人一同構築。我們也正是這樣對外國女性的煩惱與痛苦產生了共鳴，喊出了#MeToo的口號。

長島女士說，當年的她對美國的「女孩文化」很有共鳴。書名裡的「到我們的『女孩攝影』」最能反映這一點。若是詢問年輕人是從何處瞭解到女性主義，她們給出的答案往往是「從艾瑪・華森的聯合國演講開始」或「從韓國的運動開始」。羅珊・蓋伊的《不良女性主義的告白》和奇瑪曼達・恩格茲・阿迪契的《我們都應該是女性主義者》都被翻譯引進了，但我認為這些書的內容沒什麼新意，只覺得這些東西我們都說了半個世紀。有些人稱其為第三波或第四波女性主義，但我不認為這稱得上典範轉移，不足以改變人們看待世界的角度。

透過聽取年輕人的觀點，我認為比起缺乏資訊或無知，對女性主義的排斥似乎才是導致她們與女性主義保持距離的關鍵。媒體一直在醜化女性主義，長期將女性主義者描繪成可怕的女人或討人厭的女人，女性又從小被灌輸與男人為敵會吃虧的觀念……她們抗拒女性主義的原因肯定是出於諸多方面，但追根究底，我們的聲音似乎沒有被聽見。

也有人批評我們發聲的方式不討喜，傳達資訊的方式太糟糕。我只能說，不好意思，是我們太沒本事了。二〇二〇年的WAN研討會上，我們請到了日本婦女解放運動的先鋒田中美津，請她談談關於「女性主義改變了什麼、沒有改變什麼，以及將會改變什麼」[21]。她向來認為婦女解放運動和女性主義是兩回事。她說，滿口艱澀外來語的「紙上談兵型女權主義」是沒有用的，只有在女人失去理智時從心底發出的嘶吼才能被聽到。問題是，田中女士的聲音最終又被多少人聽到了呢？時代改變了，如今許多年輕人甚至都不認識電視界的女性主義者代名詞「田嶋陽子」。

長島女士那一代女性攝影師沒能和女性主義打交道，因為外部的男性凝視將她們歸類為「女孩攝影師」，於是她們不得不說「我不是」。許多女性藝術家拒絕參加「女性與藝術展」，只要瞭解這段歷史，便不難想像這群驕傲的創作者有多麼不願意被簡單粗暴地劃入「女人」的範疇。「女人」是男性凝視下「那個低劣（二流）群體」的代名詞，這意味著女性自身也內化了充滿厭女情結的男性凝視。

對女性「分別治理」是厭女症亙古不變的道理。最近剛辭職的森喜朗的言論，便是最新鮮的例子，極具代表性。他說：「（我們的女性理事）很明事理。」反諷這句話的話題標籤「#無理取鬧的女人」在社群媒體迅速傳播，令人痛快。「明事

21　研討會影片見 WAN 官網：https://wan.or.jp/article/show/9218。

理」正是分開治理的關鍵字，明事理的女人承受侮辱，無理取鬧的女人則會遭到制裁。無論被歸入哪邊，都是厭女症造成的結果。我在廣大女性的發言中看到，有人說自己已經習慣明事理。可是要知道，女性說出這些的同時，必然伴隨著疼痛。無論女性是否按男人的規則行事，都會受到傷害。但令人欣慰的是，不管明事理還是無理取鬧，「我都是女人」——這一集體自稱終於登場，「我跟她們不一樣」的聲明則被取而代之。

我不認為那些拒絕成為被害者、堅稱「我不會受傷」的女性，可以掙脫這種陷阱。話說，妳在信裡提到了河合隼雄先生，這位大叔在很久以前對援交少女說「做這種事有害靈魂」。妳還記得他發表這番言論時的情形嗎？《制服少女的選擇》（暫譯）的作者宮台真司反駁稱援交「不會讓靈魂受到損害」。我卻覺得這兩位半斤八兩，男人應該停止為被害者發言，或發起代言人之戰。也許宮台先生在田野調查時聽到有女孩說：「我的靈魂不會受到傷害。」但是如妳所知，資訊提供者會下意識地對採訪者潛在的期望做出反應。

而且我們都知道，社會學領域的「動機詞彙」有一種傾向，那就是人會選擇更容易被對方理解和接受的詞彙。聽到妳這個曾經的原味少女說，妳對河合先生所謂的「有害靈魂」有所感觸，我便想：「喔，也許是吧。」希望有朝一日，這些當事人能夠找到適當的語言來表達她們的經歷和情緒。當然，每一種經歷和情緒都不會只有一種色彩，而是五顏六色的複雜混合物，包含了驕傲、自尊、慚愧和後悔。

*

不過話說回來。正如妳所說，女權領域的選邊站問題確實讓人頭痛。一說「賣娼這行還挺有意思」，就會被立刻被認定為支持性產業。說「對出賣性抱有厭惡感」，就會馬上被劃入敵營。要知道人是複雜的生物，「我對〇〇抱有厭惡感，所以才覺得它有意思」也是完全有可能的。在關於言論自由的爭辯中，我屬於女性主義者中鮮有的「反（法律上的）限制派」，因而被打成反女性主義者，AV產業的人也向我發難，而男性的「表達自由派」又誤以為我是自己人。這種現象不僅限於女性主義的世界，追求「正確」的人，往往不能容忍其他任何「不正確」的事物。

人類的歷史充斥著對異端的審判與獵巫行為。

但我一直認為，女性主義可以不受這些問題困擾。因為女性主義是一個自我宣稱的概念。自稱女性主義者的人就是女性主義者，不存在正確和錯誤之分。女性主義是一種沒有中央黨部、沒有教堂和牧師，也沒有中心的運動，所以不存在異端審判，也不存在除名。女性主義也不是什麼智慧的機器，只要把問題塞進去，它就會把答案吐出來……我一直都這麼想。正因為如此，女性主義長久以來都仍是論戰不止、如火如荼的言論競技場，今後也不會改變。然而，局外人還是不停地讓我們選邊站，問「妳是女權還是反女權」，多荒唐啊。乾脆撂下一句「我就是我」，然後隨便他們怎麼說吧。

因此，無論他們說我是歧視、仇日還是其他的，都沒有人可以阻止我自稱女性主義者，我也不打算摘下這個頭銜。畢竟，我從那些自稱女性主義者的女性的話語中，學到了太多。我發表的言論大多是借鑑來的，幾乎沒有原創性。再說，「女性主義」和「社會性別」在日語裡也都是用片假名所寫的外來語。很遺憾，它們都不是日本女性的發明。

社會性別這一概念衍生自法語的genre（類型、種類、性類型）。起初是文法用語，與法文名詞分陰陽的特徵有關，而跟英文無關。某次國際研討會上發生了一件令我終生難忘的事情，一位看起來尖酸刻薄的法國女性主義者對以英文為母語的世界級性別史學家瓊．斯科特如此說道：「英文裡原本沒有社會性別這個概念，它跟妳們有什麼關係？」在場的後殖民女性主義者佳亞特里．斯皮瓦克立即回應道：「管它是誰創造的，把能派上用場的都用上就是了。」

斯皮瓦克是出身於前殖民地的知識分子，作為一名活躍在英語界的學者，並沒有放棄印度國籍。她接受的教育幾乎都來自英語界的知識，但是卻反過來利用這一點，表示要「舉起敵人的武器對付敵人」，如此果斷的反應驚得我一時喘不過氣來。斯皮瓦克是女性主義者，斯科特是女性主義者，那位提出刁鑽問題的法國女士也是女性主義者。

在過去的半個世紀裡，我見證了許多這般驚心動魄的時刻，也在這樣的競技場上得到了不少歷練。「多虧了她們，才能有今天的我」──這個念頭就是我堅決不摘下女性主義頭銜的理由。有個說法叫「站在巨人的肩膀上」。哪怕我們個子矮小，只要站上巨人的肩膀，視野便能寬闊許多。後繼者永遠都有站上前人肩膀的特權。豈有不用的道理？不用就太浪費了……發出如此感慨的我，也正是在挑戰前人的同時形成了自我，並終於意識到自己也正被逐漸嵌入於歷史之中。

2021年2月25日
上野千鶴子

Letter 11

自由

比起那些男性寫作者替女性說話的作品，川端文學更有助於我們瞭解人性。

上野千鶴子女士：

在上一封信裡，您真誠地回答了我一直以來最想問的問題——您對於男人帶來的危害早已司空見慣了，也在書裡指出他們是多麼讓人看不起，可您為什麼沒有對男人絕望，從不鄙視他們，也從不放棄與他們對話呢？很高興能夠聽到您的回答。因為對三十幾歲的我而言，當下的課題之一，就是直面自己對男人的心灰意冷，所以我無論如何都想問個清楚。

會憤怒、會抗議，但不死心、不嘲笑。如今在社群媒體發起抗議的年輕女性也表現出了同樣的態度。她們的一舉一動使我意識到，自己這些年是既死心又嘲笑，卻很少憤怒和抗議。即便如此，我還是懷疑這多半是因為她們還很年輕，尚未被汙染，所以才不至於對男人感到絕望。等她們過了三十歲、三十五歲，說不定也會兩手一攤，跟著回一句「對這種生物說什麼都是白費力氣」。不過仔細想想，您和心理學家小倉千加子的書裡都絲毫沒有表現出「反正男人就是沒救了，說什麼都是徒勞」的態度，我卻這麼快陷入絕望，變得憤世嫉俗，也放棄了與男人對話，您的態度讓我想要開始直視自身的問題。

您在上一封信的開頭指出：「不難想像，進入情色產業的教訓之一就是讓妳學會了輕視男人。」確實如此，無論是在與您通信的過程中，還是在這些年的寫作過程裡，我都漸漸察覺到了這一點。也許不僅與我的性格或情色產業經歷有關，也跟我以前的成長環境脫離不了關係，總之，原味店單面鏡後那些男人的可悲模樣，終究成了我如何看待男性的起點。之前也跟您提過，我打從心底鄙視他們，覺得不可能跟那群動物相互理解，也不願與他們平起平坐。

我上次在信裡談到，對河合隼雄先生所謂「有害靈魂」的說法還是有些感觸，也跟這樣的想法有關。無論是援交的時候，還是在情色產業工作、賣娼、拍片的時候，置身於其中，我完全不明白「有害靈魂」是什麼意思，簡直一頭霧水。因此，我非常能理解那些接受宮台真司先生採訪的女孩，為什麼會說「我不會受傷」。如果當年碰巧在澀谷與他擦肩而過，我大概也會如此回答。

這已經是我從AV界引退的第十五年，離開俱樂部和酒店也有整整五年時間。事到如今，我好像有些明白「有害靈魂」所指的是什麼。姑且不論「靈魂」或「有害」這兩個詞是否貼切，長時間近距離目睹人們（尤其是男人）在平時的社會生活中不會暴露出來的一面，瞭解到自己的市場價值在結構上仰賴於他們那可鄙的一面，好像確實會讓本來尚未失去的希望和信任以驚人的速度消磨殆盡。或許我們可以將這種現象簡單歸納為「變得世故」或「認清現實」，但這樣也有可能讓人從根本上放棄對他人的尊重。

最近我一直在想，我從十多歲開始苦苦尋覓的「不能賣娼的理由」也許就在此。人們對賣娼的厭惡，以及父母對女兒賣娼的抗拒，可能不僅僅出於不檢點、危險、玷汙自尊之類的理由，還因為他們擔心這可能扭曲了當事者對他人的尊重。在我出入原味店的時候，大人只會禁止和勸誡，卻從來沒有說出明確的理由。我一直希望自己長大以後，可以用淺顯易懂的方式把這個問題講清楚，直到最近才看到了些許曙光。您在信裡指出，認為「反正男人已經無藥可救了」是一種褻瀆，我很慶幸能看到這句話。

我對男人的灰心說好聽點是教訓，說穿了其實跟後遺症差不多。當然，就算能感覺到它的存在，也很難輕易扭轉自身的感受，或改變人生的態度。您說「我們可以在書中遇到可敬的男女」，這句話點醒了我。照理說，作為一個愛書人，我一定在書裡見識過可敬的人，然而在我的印象中，閱讀更像是見證人性醜惡和愚蠢的行為。上高中時，我嗜讀川端康成和志賀直哉，還有三島由紀夫、杜斯妥也夫斯基，那些書裡的男人是那樣自私、病態、愚蠢、無可救藥，相較之下，原味店的顧客顯得可愛多了。那時我甚至認為，愛上這份愚蠢是與世界對峙的唯一方法。現在回想起來，大概我從小小的年紀便容易感到絕望，或者習慣先接受人性愚蠢的那一面。

*

說起來，我沒聽說過卡珊德拉症候群，但有許多朋友苦於所謂的精神暴力（不管對方是否有發育遲緩）。無論是過去或現在，我身邊都有男人粗暴對待其妻子或女友，用語言暴力傷害對方的尊嚴從而獲得快感。「但我都這麼大年紀了，也是時候想要個孩子了」、「不想變成孤家寡人」——朋友偶爾會找這樣的藉口繼續包容那些男人，也許她們內心和我一樣心死了，認為「反正其他男人也差不多」、「反駁抗議也沒用，他們是不會變的」。而且一旦認定男人不會改變，女性主義言論就會顯得乾癟、空洞又無力。

婦女解放運動、女性主義、社會性別……與汙名化的無謂拉鋸，讓我們錯失了寶貴的機會，使女性之間產生了種種誤解，我深切覺得這是一段充滿苦難的歷史。我也同意您的觀點，看到《不良女性主義的告白》和《我們都應該是女性主義者》在今日成了暢銷書，卻感覺不到絲毫新意。「無理取鬧的女人」這一口號跟《青鞜》提出的「新女性」概念一模一樣，社群媒體上對女性主義的抨擊與當年對婦女解放運動的攻訐也是如出一轍。

面對此情此景，您和其他前輩肯定會覺得「這些東西我們都說了半個世紀了」，但我認為最大的區別在於參與者的廣度和數量。在社群媒體上發表女性主義的言論，不再是少數知識分子的專利，也不只是寬裕的家庭主婦或菁英職業女性的特權，它對所有階層的人而言都觸手可及。比方說，拒絕依照公司規定穿高跟鞋的運動，就不可能在那些從未被迫穿高跟鞋的知識分子中誕生。

我個人認為社群媒體的存在有利亦有弊，但它至少讓這樣的運動更加普及。隨著類似的運動不斷重複，這個漣漪便能在離心力般的作用下不斷擴大，這樣一來，就算這些來回往復與五十年前相比看似毫無新意，我也覺得意義重大。

我和雨宮處凛女士既不屬於第一批流著血、開啟女性主義的那一代人，也不屬於咬牙承受重演的艱辛、努力把漣漪擴大的當今一代。或許更貼切的說法是，我們任憑自己隨著因反作用力而往回走的擺子，成了開倒車的幫兇。我無意自卑，恰恰相反，我覺得這一代人也有強大之處，那就是我們每個人都能意識到女性被置於何種立場，也曾追求這樣的立場。儘管不可能輕易實現公平，但我們這一代人立足於年輕女性和抨擊者的夾縫之中，對兩邊的觀點都能抱持著理解。

＊

給我帶來刺激的通信已經進行到倒數第二回。姑且選了「自由」這個主題，我早就想和您聊一聊關於表達自由和「正確」的問題。

看到奧組委的一系列風波，我對森喜朗一派的言論仍然橫行於世感到震驚，但接著爆發的抗議和駁斥又帶來莫大的鼓舞，讓我覺得這樣的言論似乎不再那麼可怕。因為時至今日，各個年齡、階層、立場的女性都可以發出反駁的聲音，言論表達的自由似乎也迎來了一線希望。

我勉強算得上靠寫作吃飯的人，所以難免對限制言論的規定有較大的反應，雖然我基本上將言論自由看作金科玉律，但同時也覺得，當身陷困境的人和弱勢群體被剝奪了發聲的機會，能夠表達的人受到一定言論限制也是無可奈何的事。因為可以自我表達的人若沒有意識到這點，就遲早會面臨受到法律干涉的棘手局面。不過我也堅信，如果我們能建立一個抗議更容易擴散、弱者的聲音更容易被聽到的社會，就能獲得真正的言論自由。

最近接連發生了多起網友抵制廣告的事件，這些廣告因為帶有性暗示或宣揚陳舊的價值觀，引發網友的抨擊，最後只好緊急撤下。加上二〇一九年愛知三年展的審查風波[1]，人們普遍感受到越來越難表達自我，發表言論也變得更麻煩、更複雜。這個傾向在電視界尤其明顯，企業和雜誌也漸漸自暴自棄，嘟囔著「我們都成了縮頭烏龜」，邊哭邊做些不會被罵的保守內容。最近還冒出來一群不可思議的男性寫作者，他們彷彿成了女性的發言人，在有輿論爭議的事件發生時總是會出來跟風，甚至有人揶揄他們是「職業女性主義者」。

當然，我們應該讓人們在抗議中認識到不自覺的歧視性言論和對他人的無意傷害，但我個人認為，如果人們因為容易遭到批評就限制表達的自由，那未免也太無聊了。當然，我們不能放任會明顯造成傷害的仇恨言論，儘管「怎麼樣才算是仇恨言論」這個最根本的問題始終存在。但現在已經有很多人獲得了發聲的機會，這在某種程度上，讓表達者更容易在不知不覺中傷害他人。

我認為，針對某種特定表達的抗議活動可以多多益善，但近年的事件都順著「輿論抨擊↓道歉＋刪除」的方式發展，這讓我感到擔憂和沮喪。比起這樣的趨勢，不如說我是對媒體感到憤慨，因為媒體漸漸失去了某種能力——無法區分「尖銳有趣的觀點或抗議」與「單純的挑人毛病」。即使只是微小的抗議，人們也會因為太害怕事情會釀成新聞，而想假裝什麼事也沒有，於是輕易就把有爭議的東西刪除了，到頭來什麼都沒學到。社群媒體上充斥著言語暴力，而在留言區或論壇上，也幾乎看不到任何捍衛言論自由的主張。在抗議的聲浪越演越烈的時候，我原本希望保障言論的聲音會漸漸增加，但最後卻只剩下匿名的謾罵。

那些要求刪除問題發言的批評多少也有些問題，但我認為在多數的情況下，是因為那些本來該自信表達想法的人對政治正確過於敏感，助長了「多一事不如少一事」的氛圍。而且因為網友經常會以同樣的方式撻伐那些傷害他人的仇恨發言，以及不符合時代或灌輸不良價值觀而引發爭議的評論，這樣的回擊甚至讓我覺得仇恨言論的罪孽相對變輕了不少。

1　在愛知縣三年一度的國際藝術展上，特展「表現不自由展．在那之後」公開了曾在日本展出但被撤下的作品，其中有韓國攝影師安世鴻拍攝的慰安婦等。開幕不到三天，即收到大量民眾抗議與恐嚇信，主辦方以安全考量為由，緊急關閉了該展區。

事實上，如果回頭檢視二十年前的電視節目，我們會發現許多令人瞠目結舌的言論。有一次，我在父母家裡處理積攢已久的陳舊錄影帶時，一口氣看了好幾集國中時錄下來的音樂節目。女歌手說「我從沒碰過色狼」，主持人回答「那是因為妳沒有胸部」，觀眾和歌手都笑著說「好過分哦～」……這樣的一幕或許不會再重演了，這也是因為社會大眾變得成熟了。曾經廣受歡迎、以揶揄男同志為主題的短劇被再次搬上螢光幕，結果遭到觀眾抨擊的事還歷歷在目。某諧星在深夜廣播節目中發表的爭議性言論也一樣，如果是發生在他年輕的時候，大概不會激起任何漣漪。

「想法逐漸成熟」和「變得軟弱」之間只有一步之遙，但我有個奢侈的理想，希望大家能夠形成一種認知：適當的抗議對表達者來說也很可貴。我希望抗議者不要滿足於無謂的道歉和刪文，而是要激盪出更深層的討論。令人反感的種種愚蠢想法即便沒有按照過去的方法立刻道歉刪除，也會因為人們還沒準備好討論它們而被淘汰。最重要的是，如此一來可以避免大家錯誤地把歧視女性的言論和凸顯人性愚蠢的精彩觀點混為一談。

自由和正確之間難免有衝突，也有許多見解被禁止播出或發布，實在很可惜。不是所有東西都應該得到保護，抗議也不全是合理的，我甚至覺得試圖建立某種標準也很荒唐，但仍然希望人們能夠更果斷地發出適度的抗議，並且更勇敢地接受它。

川端文學中的男性角色飽受部分女性運動者的批評。確實他們的形象有時與「正確」相去甚遠，但至少我認為，比起閱讀自以為什麼都懂、一再替女性發言的男性寫作者筆下那些不痛不癢的專欄文章，川端文學更有助於我們瞭解人性。不禁覺得，抗議者好不容易得以發聲，支持言論自由的人們卻只剩下「委屈」這類的抱怨，是否會漸漸地什麼話都說不出來呢？

2021年3月11日
鈴木涼美

人性中的卑劣和嗜虐
永遠都不可能消除。
但社會的原則正在改變。

鈴木涼美女士：

在最近這兩封信之間，因為森喜朗辭去東京奧組委主席一事，各大媒體都來請我發表評論（其中還包括一直以來都跟我無緣的體育報紙）。為了應對各種採訪，我度過了異常忙碌的一個月。

說來丟臉，森先生其實算是我的前輩，我們都畢業於石川縣某公立高中。北陸地區堪稱保守王國，各地都以「家鄉出了首相」為榮。這件事發生以後，我也打聽了一下當地人的反應，據說有很多人表示同情，說什麼「這番言論很有森先生的風範」、「他大概是想活躍氣氛，結果一不留神講了真心話」。總體來說，大家普遍為他感到可惜，認為他本來能以奧組委主席的身分成為開幕式上的指標人物，為其政治生涯畫上圓滿的句號。

這次引咎辭職最大的成果，就是沒有出現鋪天蓋地的「又來了」、「唉」和「說了也沒用」。眾所皆知，森先生多年來經常發表不合時宜的問題言論，比如「日本是神的國度」等。這次的發言也完全不讓人感到意外，大家都覺得「他會說這種話再正常不過了」、「他果然又口無遮攔了」。被迫辭職後，他還馬不停蹄地四處打點，以便把自己選定的人選送上那個位置，行事風格一如既往，可見他完全不明白問題出在哪裡。他既然抱著那樣的信念活到了八十三歲，事到如今恐怕也很難改變。但身為一個公眾人物，他可能沒有意識到社會對性別歧視的容忍度在過去幾十年裡發生了天翻地覆的變化，不然就是身邊的人為他營造了一個沒有意識到也無妨的環境。

有人說是國際壓力迫使他辭職，但我認為原因不僅如此，是國內外的輿論共同造成的。他一失言，馬上有人在請願網站Change.org等平台發起了多項連署，迅速得到了超過十五萬人次響應。當社群媒體上出現了「#無理取鬧的女人」這一話題標籤，引來眾網友留言轉發。到底是誰最先借用他說的「（我們的女性理事）很明事理」，而反過來想出了「無理取鬧的女人」這個標籤呢？真是太精采了。

在獨立媒體Choose Life Project發起的研討會上，一名與會女性表示：「我為自己習慣了明事理而深刻反省。」女性說出這樣的話時必然隱隱作痛。我想，要求森喜朗辭職的呼聲之所以如此熱烈，不僅因為他的個人素質問題，也不只是奧組委的組織文化（在場的其他成員都被他逗笑了），更並非體育界和權勢者、政壇糾纏不清，以致於廣大現役運動員一律保持沉默。關鍵在於女性們將這件事和自身經歷聯繫了起來，怒火才因此蔓延。日本橄欖球協會有史以來第一位女性理事稻澤裕子坦言，「發言時間太長的那個人就是我」。她在接受《朝日新聞》採訪時回答：「置身於父權社會中，我經常遇到放眼望去只有我一個女性的情況，所以別無選擇，只能跟著一起笑。」[2]肯定有許多女性有相同的遭遇。在那樣的環境下，她們不笑不行，除了憤怒，她們更厭惡與世浮沉的自己，悔恨得緊咬嘴唇。這件事也足以表明，無論吸納多少女性成員，只要她們都是明事理的女人，組織文化就不會有任何改變。

無理取鬧女人們的怒火將位高權重的森喜朗硬生生拉下馬，這說明了女人的憤恨

2 出自〈橄欖球協會首位女理事坦言：森喜朗說的就是我〉（ラグビー協会初の女性理事『私のことだ』森氏の発言に），二〇二一年二月四日，https://www.asahi.com/articles/ASP2462ZP24UTIL040.html。

絕非軟弱無力的。我甚至敢大膽預測，這次的成功經驗將成為未來人們判斷「說什麼話會越界」的標準。

不出所料，奧組委再次因性別歧視的言論成為媒體的焦點。根據報導指出，開閉幕式的創意總監佐佐木宏提議，讓女藝人渡邊直美扮成Olympig（奧運豬）從天而降。讓渡邊女士變身為豬的「創意」本身就毫無幽默可言，一點也不高明。萬幸的是，在團隊成員的反對聲浪中，他撤回了這項提議。既然森喜朗的言論無法容忍，那麼，佐佐木的提議當然也一樣。據說這位佐佐木先生還曾是廣告巨頭電通的頂尖總監，打造出不少熱門廣告。但事實擺在眼前，大型廣告公司因為性別歧視廣告遭到抨擊的例子比比皆是。第一廣告社請女演員壇蜜為宮城縣拍攝了一則廣告，充滿性暗示。在博報堂為鹿兒島縣以養殖鰻魚聞名的志布志市製作的廣告當中，名為「鰻子」的少女穿著學校泳裝說「養我吧」。照理說作品要經過好幾道檢查，難道沒有任何一個人看出問題嗎？納稅人有權利感到憤怒，因為支付給這些大型廣告公司的高額成本都來自於稅收。

我可不想以「言論自由」的名義為這些性別歧視廣告辯護。我反對的是法律上的限制，但不反對人們的批評。我同意妳的觀點，「針對某種特定表達的抗議活動可以多多益善」。不過妳後面緊接著一句「近年的事件都順著『輿論抨擊↓道歉＋刪除』的方式發展，這讓我感到擔憂和沮喪」，我卻覺得是總算走到了這一步。妳說「媒體漸漸無法區分『尖銳有趣的觀點或抗議』與『單純的挑人毛病』」，但不惜直面抗議和挑骨頭也要守護到底的「尖銳有趣的觀點」究竟在哪裡呢？佐佐木先生的奧運豬根本不值一提。這些年遭到撻伐的性別歧視廣告全是活該被罵，一點都不冤枉，站在媒體的角度來看，迅速撤下也是正確的判斷。

試想一下，如果是短短幾十年前，提出批評的人恐怕會反過來遭到攻擊，被扣上「雞蛋裡挑骨頭」的帽子（即使是現在，社群媒體上也充斥著這種垃圾留言），說不定連批評的聲音都會被扼殺。妳說「對政治正確的過度敏感，助長了『多一事不如少一事』的氛圍」，我覺得這樣也不錯。證明關於什麼是政治正確的「常識」終於普及了，不瞭解何為政治正確就說它「古板」還為之甚早。而且我們有必要明確區分妳所說的「多一事不如少一事」針對的是誰。如果它針對的不是握有權力的既得利益者，而是對女性和性少數等弱勢群體的批評，那就應該被稱為必要的「考慮」，而非「多一事不如少一事」。

*

當「性騷擾」入選年度流行語時，有人批評道：「身體接觸是職場的潤滑劑，要是不加點油，辦公室裡的氣氛會太緊張。」一位在餐館兼職的年輕女性也告訴我：「最近男同事跟我說話都小心翼翼的，感覺大家都有點提心吊膽。」我對她說：「妳想想，如果他們不對妳小心翼翼會怎麼樣？男性小心謹慎一點剛剛好。」他們「自然而然」的無心之舉完全有可能構成不折不扣的性別歧視。「是否有意為之」並非判斷歧視與否的標準。

妳說妳氣他們「輕易就把有爭議的東西刪除了，到頭來什麼都沒學到」。沒錯，他們十之八九是「不會有任何長進」的。森先生說他被孫女數落，但他大概仍舊不明白自己說錯了什麼，也恐怕永遠不會明白。佐佐木先生說不定還在心裡嘀咕：

「呿，好不容易想到一個這麼有趣的點子！」向團隊提議時，他八成也是這麼想的——「喂，大家快來看看，這個主意怎麼樣？很有意思吧？」如果在場的人為了附和而發出笑聲，那個點子或許就被採納了。但坦白說，這並不好笑。好笑的前提條件是突破常識、出人意料，但這些年遭到抨擊的廣告在我看來都不好笑，無論創作者對他們的提案很有信心，或客戶砸了大錢也一樣。

究竟是什麼改變了？是社會的原則變了。我認為，社會改革矯正的不是真心話，而是原則和場面話，而且能走到這一步就已經是極限了。森先生和佐佐木先生可能還沒有意識到問題所在，但他們至少學到了一點：不能在公開場合發表那樣的言論。性騷擾者多為慣犯，他們肯定幾十年來一直在做同樣的事情，只是偶爾有一次被女性指控，才驚愕不已。我並不同情他們，卻能理解他們的困惑——「我一直都是這樣行事的，怎麼會有問題呢？」沒錯，同樣的行為在三十年前能被容忍，放在今天卻行不通了。我只能說「問題就出在你們對時代大環境的變化太過遲鈍，所以受到了懲罰」。

美國爆發了「黑人的命也是命」運動。那個國家在半個世紀以前，才剛剛通過承認黑人權利的民權法案。當被問及「種族歧視是否會消失」時，一名美國知識分子回答「不會」。同理，如果有人問我「對女性的歧視是否會消失」，我恐怕也只能回答「不會」。消除歧視性的情緒難如登天，但許多人已經有所長進，知道公開場合的歧視行為不僅越界，而且觸犯了法律，會遭到起訴和受罰。如果無可爭辯地，「令人反感的種種愚蠢想法會因人們還沒準備好討論它們而被淘汰」，那麼，在「輿論抨擊→刪除」這一毫無意義的循環發生之前，人們應該及時發現問題，並且將其剔除。

就在我寫這封信的時候，朝日電視臺《報導Station》（報道ステーション）節目的網路廣告[3]也經歷了「輿論抨擊→刪除」的流程，不知妳看過沒有。廣告上架後不過幾天時間，一眨眼就結束了這個循環。那是一群成年人的心血結晶，他們肯定覺得發佈以後能獲得不錯的迴響，可惜我無法從中感受到絲毫幽默與詼諧，這種水準的表達根本沒有什麼可辯駁的。不過話說回來——在廣告發佈之前的過程中，製作方內部怎麼沒有發現問題呢？這著實令人費解。

因此，我完全無意以「言論自由」的名義為「輿論抨擊→刪除」的性別歧視廣告辯護。因為它們不配稱作「言論自由」。

不過，確實有一批人曾奮力爭取表達的自由。那就是促成了二〇一九年愛知三年展「表現不自由展．在那之後」的人。這場展覽不僅受到了口頭撻伐，還有電話騷擾，甚至收到「帶著汽油罐上門」的威脅，總之，都是不可理喻的暴力行為。主辦方決定在做好萬全準備之後重啟展覽，最終才得以平安落幕。如果他們選擇多一事不如少一事，必定會輕易屈服於暴力。

人性中的卑劣與殘暴、優越感與嫉妒心，恐怕永遠都不可能徹底消除。就連我也會一怒之下破口大罵「我非要宰了那個混蛋不可」，這輩子都不知道殺過多少人了（笑）。但我絕對不會在公開場合說這種話，當然也不可能付諸實踐。有一次，自由派的某個學者當著我的面說「看到殺人的場面就會勃起」，令我感到不可思議。

3 廣告內容是一名年輕女性的自白：「公司的前輩剛休完產假，帶著孩子來上班，小寶寶太可愛了……」該名女性還針對消費稅、日本債務等問題侃侃而談，接著，字幕出現一句話「這傢伙原來有在看新聞呀」。有人批評廣告方輕蔑女性，認為她們一般不看新聞，無法進行此類對話。

我驚愕並非因為他「看到殺人場面就勃起」這一事實（這太尋常了），而是因為他敢直接地對我這個比自己年輕的女人說出這種話。

如此想來，我百分之百同意妳在結尾表達的觀點——「川端文學中男性角色的形象有時與『正確』相去甚遠，但至少我認為……看川端文學更有助於我們瞭解人性。」妳說「川端文學中的男性角色飽受部分女性運動者的批評」，我大概也是那「部分女性運動者」之一吧。川端文學讀起來確實讓人不太愉快。我在《雪國》的主角身上感受到一個自視甚高的男人玩弄純情女人的自戀情節，《睡美人》就更不用說了，在我看來，簡直是一部利用迷幻藥（下在飲料中使女性不省人事的安眠藥）進行性騷擾的故事。所以我與富岡多惠子女士、小倉千加子女士合著了一本《男流文學論》（暫譯）以表達這種不爽。文學界是一片狹小的池塘，從外界扔進池塘的小石子都會激起陣陣漣漪。此書的迴響褒貶不一，當然也不乏帶有誤解的批判和反感。文學評論家與那霸惠子對《男流文學論》的評論，與妳的觀點有異曲同工之妙：

如果認為吉行淳之介[4]將歧視女性的思想當成小說的寫作方法，那麼，引起她們（《男流文學論》的作者）厭惡的小說難道不是創作的勝利嗎？被迫閱讀一本將徹底的仇女作為方法的小說，我們可以反過來看見「男人」的真面目。這是一個奇妙的矛盾，批評在這一語境下變成了認可。從這個角度來看，這部作品反而讓我再次認識到了男性作家小說的有趣之處[5]。

在種種評論中，女性主義文學批評家水田宗子的見解最切中核心：

男性作家不理解女性，沒有準確地描寫女性，沒有把女性作為人來描寫。這個觀點本身是正確的，但是用來批評男性作家就有些離題了。這是因為男性作家對現實中的女性感到失望，才會追尋理想中的女性，並描繪出內心的風景。……男性作家將夢想自說自話地託付給女性，並且以同樣方式詮釋女性，但是正因為他們夢想與現實中的女性之間存在著鴻溝，男性的內心風景

4 藝術派代表作家，其作品多透過「性愛」探究兩性關係以及人類自我的存在。
5 收錄於與那霸惠子〈《男流文學論》書評〉，Da Capo，一九九二年四月號。

才會如此絢爛多姿。……他們的作品是男人一手締造的「女性敘事」，一覽無餘地展現了男人內心的景色，而這實則屬於「男性敘事」[6]。

如此想來，男性作家的作品赤裸裸地展示了他們的軟弱和愚蠢，這是多麼淒慘、多麼耿直。三島由紀夫的《假面的告白》是戴著「面具」卻誠實到讓人心頭一顫的告白，川端康成的《睡美人》也是認識到衰老男人對性不加修飾的坦白。

我對吉行淳之介一直心存芥蒂，所以在《男流文學論》的開頭便提到了他。但我對吉行這個人並無怨恨，問題在於當時沉迷閱讀吉行的男人，他們開口閉口就是「想理解女人就去讀吉行的書」，認為吉行特別懂女人。事實上，也有不少女人為了瞭解女人去讀吉行，尷尬到令我無法直視。他描繪的女人是男人幻想中的女人，反過來說，女人只要瞭解活在這些幻想中的男人，他們的自私以及與之而來的軟弱，她們就可以配合男性的劇本一起演戲，或是背叛他們，動搖他們……總之，女人也能有所嶄穫。從這個意義上來看，男人非常誠實，甚至讓人驚呼「把底牌都亮出來沒關係嗎？」。以掏心掏肺的赤誠寫作而成的，就是出色的文學作品。

文學作品中充滿了悲慘的謀殺和性暴力，但沒有人出聲說要禁止它們。現實和創作之間的關係非常複雜。有時候，正因為人們在非現實的表達中做出了犯罪、殺人、虐待之類的事情，才不至於在現實中這麼做。也是透過這些表達方式，我們才能深入瞭解男人、女人和人。而這就是為什麼我是女性主義者中少有的「表達自由派」，因為我認為想像力是無法控制的。

但這並不妨礙我對某些表達方式產生不滿，我也不阻止妳以令人不快的方式進行表達。不僅如此，我還會捍衛妳這麼表達的自由。但我對妳的表達感到不快，並將這種不快表達出來也是我的自由。我反對的是法律限制、政治干預等來自公權力的壓制。迄今為止的「輿論抨擊↓刪除」都是民眾自發性的成效，而不是行使公權的結果。

＊

6　水田宗子〈逃向女人與逃離女人〉，出自《故事與反故事的風景》（田畑書店，一九九三），收錄於井上輝子、上野千鶴子、江原由美子等編《新編·日本的女性主義7：表達與媒體》（岩波書店，二〇〇九）。

說到表達自由，我也算是日本學術會議問題[7]的當事人之一，畢竟我曾是會議成員（現在仍是合作成員）。我與佐藤學先生、內田樹先生共同編著了《學術自由危在旦夕》（暫譯）一書。電影導演和藝術家也對這個問題相當有共鳴，因為他們擔心學術自由的危機會直接導致表達自由的危機。學術界有所謂的御用學者，也有鼓吹荒謬理論的人，但一定會有人跳出來反駁，沒有邏輯和證據支援的理論也會被逐漸淘汰。決定「何為正確」的既不是權力，也不是少數服從多數。我對學術界抱有希望，是因為我相信學者的相互批評是公正公平的，且建立在資訊公開與程序透明的基礎之上。

2021年3月25日
上野千鶴子

7　二〇二〇年十月，日本學界的頂尖機關——日本學術會議提交了一百零五位下一屆會員的推薦名單，有六位沒有得到時任首相菅義偉的任命，這六名學者都曾反對安倍政府的安保法案。

Letter 12

男人

看似「明事理」，
其實一直在抗爭的女權鬥士
肯定累積了某些成果。

上野千鶴子女士：

我們聊女性主義的信件登上雜誌的那個月發生了一連串事件，森喜朗辭職、奧運開幕式風波、《報導Station》節目的廣告爭議……這令我再次深刻感覺到，能與您透過信件即時探討這些話題著實幸運。一眨眼，便迎來了最後一回。

今年我即將三十八歲。我認為自己身為作家和人都還相當年輕，但與能夠海納一切、挑戰各種觀點的學生時代相比，對事物的看法確實漸漸僵化。不僅對自身的性格與情緒產生了某種定論，看新聞時也有既定的立場和感受，驚訝和新鮮感明顯減少許多，不太會有「原來我會對這種事生氣啊」、「原來我會被這樣的話所傷害啊」的新發現。對社會、掌權者、男性的期望和理想已經降低，不會再因為一點小事就被劃出新的傷口，這恐怕也是我變得明事理的原因之一。而您在通信之初便指出了我的世故圓滑，讓我「痛了就喊痛」。是您的信幫助我解開了思想上的心結。

您在上一封信中寫道：「社會改革矯正的不是真心話，而是原則和場面話。」這正是我透過這一年通信所轉變的一個觀點。想必很多人都能切身感受到，人的行為可以改變，情感和思想卻不行。長久以來，我一直認為即使男人的行為得體了一些，心中齷齪的歧視心態和情緒也不會改變，遮遮掩掩的反而讓我更覺得噁心。在現實世界中，只是嘴上說兩句「巴不得扔石頭砸妳」總比一邊罵「妓女」一邊砸石頭來得好。當然最好只在腦子裡想想，一個字都不要說出來，把那些念頭全部帶回家去。不過，看到他們出於社會需要掛上假惺惺的微笑，我還是有種毛骨悚然的感覺。

置身於AV行業期間，我有時也會為影片內容的無聊而苦笑，同時感嘆人的欲望是多麼愚蠢。在外界抗議和行業的自救努力與自我約束之下，這個行業某種程度得到了一些整頓，開始禁止演員穿水手服，一時流行的嚴刑拷打類作品也急遽減少。但水手服被禁止，便換成了套裝和泡泡襪。不准用針刑，就改用水刑……這些我都不難想像，最根本的欲望並沒有發生任何變化。我讀高中的時候還沒有「JK經濟」這個詞，在原味店遭禁之後，卻冒出了觀賞女高中生穿迷妳裙折紙鶴的店。交友網站成為賣娼的溫床後，又催生出了更高明的行話。我近距離見證了這些變化。

雖然存在禁止賣娼的原則，但日本情色產業總能迅速適應規則的變化，於是禁止插入行為的風俗店和乾爹介紹業仍異常繁榮。我反省了一下，也許是這樣的環境讓我越來越輕視規則的力量。直至今日，內心依然有一半認為，男人即使被抗議，也只是會換一種更難被發現的方法而已，他們的欲望本身並沒有改變。不過，我從來沒有被人丟過石頭，沒有遭受過警察的不正當暴力，「AV女就不該上報」的聲音也比以前減少許多了（原來偶爾還能聽到一些），這都得歸功於社會改革帶來的變化，至少在原則層面有了巨大的進步，只是我忘記了這一點。儘管我依然擔憂噁心的真心話是否會失去發洩的管道，但此時此刻，我終於感覺到因為社會規則的改變，而減低了自己受傷的次數，這是不可否認的事實。

還記得幾年前，某週刊登出了一篇文章，標題為「容易上床的女大學生排行榜」，一位女大學生對此憤然抗議。她不只是投訴，還要求與刊登文章的編輯部公開討論，並指出自己認為問題為何。她的做法得到了許多人的支持。編輯部也沒有暗自撤下文章，而是真誠地給出回應，承認哪些企業文化與習慣有問題，並誠摯道歉。姑且不論雅虎等網路新聞媒體在眾目睽睽之下解剖自身文化這件事的意義，這個案例相當耐人尋味，因為它揭露了媒體的內情，讓我們認識到不少媒體人一直在慣性的驅使之下，做出了連自己都不覺得有趣的選題。儘管我與抗議的那位女性有不同的觀點和立場，但我在上一封信裡說到的「尖銳有趣的觀點或抗議」其實就跟這件事有關，而「挑毛病」這三字背後則是NIKE公司請科林・卡佩尼克（他為了抗議種族主義而拒絕在演奏國歌時起立）代言時，以川普支持者為首的一群人大力抗議，並抵制NIKE之類的事例。

前者算是程序正常、公平公正的抗議形式，但即便如此，「真心話」還是沒有改變。我在那本週刊上開了一篇專欄，所以再清楚不過了。然而，業界確實因此出現了新的變化，在報導援交、風俗業等題材時更注意表達和採訪的方式，這應該有助於減輕人們受到的傷害，所以我現在認為這是一場有意義的運動。不過，也正是從那時起，雜誌社頻頻要求我寫專欄文章時避免討論到性別問題（好比這一次的《報導Station》廣告爭議），我對此還是略感煩躁，只覺得「你們到頭來只是道了歉，把東西刪掉，拍拍屁股逃之夭夭而已」。

大概是上一封信有些詞不達意，其實我並不是要為了引起特定族群反感而遭到抨擊的表達辯護，也不認為「抗議最終導致表達者道歉刪除」有什麼問題，但我覺得森喜朗那樣的無心之言和引發輿論的廣告或海報，在本質上還是有些區別，畢竟廣告的創作者肯定抱有某種意圖。我可以理解人們看了《報導Station》的網路廣告之後為什麼會覺得不舒服，但僅僅觀看廣告肯定無法完全理解創作者的想法，眼看著還沒把這個問題弄清楚，廣告就被撤下了，我總覺得有哪裡不太對勁。

露骨的性表達是為了吸引誰相當明顯，但這次《報導Station》的廣告我反覆觀看了好幾遍，也無法理解製作方到底想表達什麼。是想博觀眾一笑卻冷了場，反諷時局，引起某個群體的共鳴（那他們想要得到誰的共鳴呢？），還是想攻擊什麼？拍出這支廣告的人在學生時期肯定也有過遠大的理想，想製作出打動人心的影片，或是透過有趣的作品撼動世界，但我心裡還是不免喃喃道，既然你都沒什麼話要反駁，說撤下就撤下，那還不如一開始就別發表出來。反過來說，如果你有無論如何都想拋給世人的疑問，即使那是與時代相悖的價值觀，我也願意聽一聽，流於表面的道歉恕我不感興趣。而且也希望，這個社會能對創作者的反駁敞開胸懷。

我選了「男人」當最後一回的主題。其實編輯最初聯繫我，問我有沒有興趣參與這次的書信連載時，我還有些忐忑，心想，標榜自己是女性主義者、積極發聲的年輕女性那麼多，她們之中肯定有許多人想直接向上野女士提問，選擇我真的合適嗎？但我還是不想錯過這個機會，因為在我和同齡人心中，對男性的信任好似風中殘燭，甚至已然消失殆盡，而我希望能把這次連載轉為一個契機，促使大家思考如何重拾這種信任。能透過書信瞭解您為何能在質疑傳統父權社會價值觀的同時，仍不放棄他們，不屈服於「反正男人就是沒救了」的態度，這對我而言是莫大的收穫。您指出，說「反正男人就是沒救了」是一種褻瀆，這讓我對自己的態度有了深刻的反思。

然而話說回來，到這個年紀，我們有沒有可能從未產生「男人沒救了」的念頭？我覺得有這樣的心態在所難免。當然，對輕微的傷害視而不見的態度是懦弱的，無助於縮小性別差距，也無法發動費時耗力的抗議進而引起社會革命，只會對森喜朗和岡村隆史的言論左耳進右耳出，任由「明事理」的態度蔓延。在制度層面上，我們這代人至少可以從小跟男生讀一樣的學校，上一樣的課，進一樣的公司，但現實中，援交和陪酒小姐卻又十分流行。

採取這樣的態度，正巧證明我們想盡量不被邊緣化，盡可能做自己喜歡的事，不受傷害地活下去。

前幾天，我和同期入職新聞業的女同事好不容易約定一次聚餐，受疫情影響，我們很久沒碰面了。新聞業跟情色產業其實有許多共同點。置身於媒體，自然也能見證人性的愚蠢和卑劣，自己公司、採訪對象和同行的其他公司絕大多數都是大叔，因此在媒體業工作的女性往往會變得善於向現實妥協。無論是在求職過程中，還是在入職之後，或是在永田町、霞關、兜町[1]採訪時，我們每天都會遇到大量的小山口敬之[2]、小佐佐木宏和小森喜朗。若是每次都鼓起勇氣大聲抗議，為了不再出現被害者而積極檢舉，就無法集中精力完成好不容易把握到的記者工作，只會把自己搞得身心俱疲。所以我們也有苦衷，如果不把那些事當作毫無意義的瑣事而置之不理，

1 永田町是國會議事堂、首相官邸等機構的所在地，霞關是政府機關集中地，兜町是東京證券交易所的所在地。

2 山口敬之，曾是TBS電視臺記者，被媒體稱為「安倍御用記者」，因其對伊藤詩織性侵而遭到控訴。

我們就無法生存下去。有許多朋友並不懷疑社會改革的重要性，也大致贊同女性主義者的抗議，但她們還是更重視自己的生活和幸福，看重公司的環境是否舒服，認為小傷口放著不管也會癒合，也變得善於療傷了。

我在報社只待了不到六年，但同期入職的朋友之中有些已經是擁有十三年資歷的中階主管，有的成為了記者俱樂部[3]的組長，有的在主持新專案，有的生了兩個孩子後回歸職場。她們有時候也只能夠在自身處境比較從容的情況下，才可以為改善公司的制度而出力，聲討不合理的規矩。但站穩腳步以後，她們也有需要顧及的情面，儘管看不慣小森喜朗們略帶性別歧視的言論，但想到他們也有值得尊敬的地方，也就不好說什麼了。她們無法出聲抗議微小的心理不適，淪為某種「明事理」的女人，並因此產生難以名狀的愧疚，但她們還是帶著一身傷痛乘風破浪，出人頭地，做著自己熱愛的工作。在我看來，她們同樣是鬥士。我們這一代人肯定也累積了某種成果。硬要說是什麼的話，我最近覺得，大概就是對付渣男的實用方法吧。

也許因為很多同輩朋友在擊退渣男的方面經驗豐富，所以我這種念頭格外強烈。

我覺得假裝不痛的逞強態度和把痛喊出來的態度同樣可貴。因為雙方都不曾畏懼嚴苛的現實，咬著牙堅持到底。有位朋友說，「我們這一代人很懂得怎麼對付色狼」。她的言外之意是，我們抱持人性本惡的觀點，認為男女共乘的車廂裡永遠都會有色狼出沒，久而久之就成了專家，深知遇到色狼時該怎麼逃、辣椒水該怎麼使用、如何挑選被人摸了也不會明顯感受到的衣服，而不去質疑「色狼的存在」這一結構本身。無論好壞，這都是我們一直以來採取的態度。

我覺得這個說法精闢地概括了我們的心境。想用錢擺布女人的男人永遠不會少，那就以青春作為武器，把他們的錢全部帶走；性騷擾言論永遠也不會消失，那就乾脆戴著耳塞工作；總有男人想睡單純的年輕女人，所以要多點心機，不要孤男寡女出去喝酒；剛進公司的時候，要多討大叔上司的歡心……像這樣絞盡腦汁為自己創造容身之地的過程，確實和學習如何對付色狼的過程相似。即便內心暗藏著某種反抗的精神，表面上看起來也是森先生所謂「明事理」的女人。也許正因為我們只精通逃跑的方法，色狼才沒有減少。我也意識到，正因為我們心底已經對男人感到灰

3　指的是日本特定新聞機構在首相官邸、省廳、地方自治體、地方公共團體、警察、業界團體等地設置的記者室並排他的組織。

心，認定色狼永遠都不可能絕跡，才會優先採取應對策略而非試圖改變社會。

我之所以產生難以名狀的負罪感，原因在於如今有越來越多的女性不再敷衍了事地說「反正男人就是沒救了」，而是出聲抗議，有時還獲得了成效（好比和奧運有關的一系列風波）。這些事實讓我認識到，我們當年放棄的東西、認為放棄才更明智的那些選擇，其實是可以改變的，這讓我下意識地感到自卑。但與此同時，我仍認為掌握對付色狼的方法也很重要。

*

令人備受鼓舞的是，社會已經能夠包容指出結構性的不平衡並呼籲改革的聲音，而且受科技進步和女性力量的影響，過去不被視為問題的事情現在也得到了正視。但我也產生了些許危機感，覺得遇到渣男時的應對方法相對地被輕忽了，或者說，談論對付色狼的方法有可能被人攻擊「對結構的批判明顯不足」。在強制拍攝問題[4]受到關注的時候，我也不敢隨便分享「如何辨別在街頭跟妳搭話的是不是假星探」、「AV女優如何才能順利隱退」這樣的知識，而是必須非常慎重地選擇發言場合，否則就很容易被認為是在為這個行業乃至社會的邪惡本質辯護。

遙想近二十年前，也就是夜生活世界和情色產業剛起步的時候，社會上也有很多糟糕的男人，以及許多利用女性弱點的人，即使大部分的無意識暴力已漸漸被消除，社會稍微變好了一些，這種人也不會永遠消失。因此我認為，必須兼顧「質疑結構本身」（我們這一代容易忽視的事情）與「應對當前的現實、以免受到傷害」（現在的年輕女性容易忽視的事情）。但要是將後者做到了極致，便會助長男性逃避他們的責任。若是一味追求前者，則會把自己逼得走投無路，遍體鱗傷。同時做好兩件互相矛盾的事實在不容易。

您在上一封信裡寫道：「人性中的卑劣與殘暴、優越感與嫉妒心恐怕永遠都不可能徹底消除。」曾經的我同意這一觀點，而它的前提是「矯正這些行為是有意義的」，但我總是下意識地回歸到「反正男人無藥可救」的思維。此刻的我一邊反省，

4　日本發生過多起逼迫女性拍攝AV的案件，自稱為星探的男性接近女性，以當模特或演員的名義欺騙她們簽下合約。

一邊發自內心地感到認同。但我也覺得，除非卑劣與殘暴消失殆盡，否則賣娼、性侵、色狼和性騷擾不會從這個世界上絕跡。儘管我打從心底認為，遭受性侵的被害者不應該感到內疚，也不該受到自己或他人的責備，但我仍然希望那些尚未成為被害者的人能知道該如何不被性侵。這不是在追究被害者的責任，只是希望大家能在這個滿地都是壞男人（當然還有壞女人）的社會平安地活下去。然而，我要如何傳達這一點，又不讓已經受到傷害的人陷入自責呢？最近我一直在思考，要如何告訴女生「妳們得再聰明一點，在街上被自稱AV星探的人搭訕，也千萬別跟著走」，同時又不傷害那些已經受到傷害的人呢？好難啊。

透過與您對話，我認識到自己對廣大男性抱有些許蔑視，絕望地認為男人心底的欲望不會改變，褻瀆了那些有意改正其態度的男性。對此，我也進行了反省。肯定有許多男性比我高中時透過單面鏡看到的人要聰明許多也值得尊敬。「應該用什麼樣的話語來否定賣娼，否定將自己的性當作商品」是我給自己的課題，而這次反思讓我看到了些許曙光。

在此基礎之上，我希望那些比我年輕、比過去的我更積極主動擁抱改革、有自我犧牲精神、不斷汲取嶄新價值觀的女性多留心，學會應對尚未徹底改變的男性、抓著陳舊價值觀不放但沒有惡意也毫無自覺的男性，以及不屬於大多數男性的卑鄙罪犯，別輕忽這些事。也許對社會改革來說，大多數男性的認知更為重要，但我覺得對付少數壞男人往往才是能安全地生活下去的必要條件。「我必須高聲對抗！」「我要鼓起勇氣舉發！」……我由衷敬佩這樣的想法，但因為瞭解這個行業過去的模樣，所以我深知社會產生了些許變化，壞人偽裝得更為巧妙，碰到糟糕的大叔得拔腿就跑，否則有可能會捲入危險之中。做「無理取鬧的女人」很棒也很酷，但我有時也會嗅到危險。我殷切希望，社會改革和追求個人幸福可以越來越容易並存，改革者能夠在幸福生活的同時對社會提出抗議，而不至於陷入危機。

非常感謝您在這一年裡真誠回答我的提問（其中也不乏幼稚青澀的問題）。從性到女性的生存方法，以及女性主義的現狀……我們進行的廣泛討論，對我和讀到這些書信的同齡人（比如變得有些過於現實的老同事與朋友）來說都帶來良好的刺激，必定能成為幫助我們決定人生方向的精神食糧。事實上，最近與女性友人碰面時，我們經常聊起這樣的話題：「我還滿喜歡現在這份工作的，可是總感覺不滿足，今後的人生到底該往哪裡去呢？」換作以前，我們總是三句話都離不開戀愛，整天吐槽男人。也有許多朋友告訴我，她們很期待讀到我們的書信，內容發人深省。我相當贊同您的觀點，但偶爾仍會覺得男人就是蠢得無可救藥；儘管本性也許並沒有改變太多，不過我會逐一反思心中的想法，在寫作之路上繼續前行。

2021年4月6日

鈴木涼美

將自身利益
放在優先順位的女性
必定能改寫
女人的生存策略。

鈴木涼美女士：

哎呀，來到最後一封啦。一年的時光轉瞬即逝。書信是一種技術門檻很低的工具，但紙上的對話卻比面對面的交流更加深入，還能展開你來我往的辯論，給我帶來了不少刺激。而且比起寫給廣大讀者的文章，收信人明確的書信無法敷衍或蒙混過去，逼得我寫下了不少在其他地方從未說過的言論。只能說我是中了編輯的計吧。妳疑惑為何自己會被選中，其實剛接到邀約的時候，我便對編輯的「陰謀」暗自叫好。因為我早就對妳抱有興趣，還納悶編輯是怎麼知道的。

用這封信畫上圓滿的句點真是再合適也不過了。用社會學的術語來說，我們談論的就是如何在實踐上打破「結構與主體」的困境這問題。妳寫道：「必須兼顧『質疑結構本身』（我們這一代容易忽視的事情）與『應對當前的現實、以免受到傷害』（現在的年輕女性容易忽視的事情）。」

話是沒錯，但要兼顧兩者是如此艱難。若以場面話和真心話來區分，前者就是場面話主義，後者是真心話主義。婦女解放運動一代的女性被同輩男性的表面說一套、背後做一套給玩弄，受夠了他們的場面話，於是將男人從「革命」這種非日常狀態拖進了名為「日常」的戰場。但即便是在那裡，她們可能也活在「男女平等」或「男女平均分擔家務[5]」的場面話中。再說，如果公共領域的結構沒有改變，只在私人領域實踐那些冠冕堂皇的原則，男女雙方肯定會互相折磨，導致彼此遍體鱗傷，這在我身邊已經「屍橫遍野」。如今人們熱烈討論「選擇性夫婦別姓制度」，而也確實有人對法律不屑一顧，選擇事實婚姻，忍受著各種不便，生下並撫養子女，並在法庭上反抗對非婚生子女的歧視，但也不是所有人都能做到這種地步。

我認識很多夫妻，他們覺得吵這些沒用，而是選擇接受現實，優先考量孩子的利益，於是在孩子出生的同時成為合法夫妻，這是因為日本的制度在各方面都對登記結婚的夫妻有利，他們也無法要求別人放棄這種優勢。個人能否在相同的結構下做出與他人不同的選擇，取決於他們的可行能力，即有沒有相應的資源和選項。

5　男女都該花時間照顧孩子！《男女家務平均主義：不是煮夫，亦非主婦》（男と女で「半分こ」イズム，暫譯），聯絡會編，學陽書房，一九八九年。

妳們這代人的犬儒心態也許就是認為「吵這些也沒用（反正……）」的真心話主義者吧。這幾年掀起了回顧一九七〇年安保鬥爭的五十週年熱潮[6]，如果政治犬儒主義是學生運動一代留給下一代的遺產[7]，那不得不說他們罪孽深重。網路這種全新的資訊工具為真心話主義者提供了發揮的舞臺。

思考「結構和主體」時，我總會聯想到慰安婦問題。這個問題極為複雜，致使日韓關係嚴重惡化，支持者和學者內部也產生了各種分歧。其中的一個案例，就是朴裕河女士出版的《帝國的慰安婦》（暫譯）一書。這本書之所以為人所知，是因為倖存的慰安婦提出了告訴——這本書認為，加害者（皇軍士兵）和被害者（朝鮮慰安婦）之間其實存在「同伴關係」，在相同的結構下，前者被強迫奔赴險地，使得後者不得不從事性勞動。積極為慰安婦問題尋找解決方法的人本來就是少數，面對此書的觀點卻出現了歧異。

我、蘭信三與平井和子籌備兩年，出版了《戰爭與性暴力的比較史研究》，以求拋磚引玉。其中收錄了平井和子女士的文章〈士兵與男人的性：去過慰安所的士兵和沒有去慰安所的士兵〉。當年有慰安婦與日本士兵殉情，也有人與軍人兩情相悅。她們在嚴酷的環境下尋求慰藉的關係，完全可以理解，而且據說她們不收情人的錢。當時，她們是日本帝國天皇的臣民，在前線穿著和服，改為日本名字，穿著傳統日式圍裙、揮舞著日本國旗給出征的士兵送行。她們沒有選擇的餘地，在那種情況下存在「同伴關係」也是有可能的，在日軍占領的地方，她們就是被殖民國家人民眼中的「日軍走狗」。也有一些女性施展了與生俱來的智慧，廣受士兵追捧，如提出慰安婦損害賠償訴訟的原告之一文玉珠女士。站出來說自己曾經當過慰安婦的女性，都是在慰安婦的殘酷現實中倖存下來的人。她們之中肯定有些人採取了各種策略才有辦法生存下來，我們對這些歷經磨難的女性滿懷敬意。

指出慰安婦的種種經歷，絕不意味著替她們所處的嚴苛結構開脫。相反地，個人在結構的脅迫下帶著必死決心行使的生存策略，更凸顯了結構的殘酷。朴女士的書

6 《全共鬥白皮書》（全共闘白書，暫譯）全共鬥白皮書委員會編，新潮社，一九九四年，《全共鬥白皮書2》（続・全共闘白書，暫譯），新全共鬥白皮書執行委員會編，情況出版，二〇一九年。代島治彥導演的作品《在妳死後》是一部紀錄片，旨在追悼一九六七年十月八日死於羽田鬥爭的京都大學學生山崎博昭。

7 七〇年代參加過安保鬥爭、越南反戰運動的一代有犬儒主義傾向，日本社會直至二〇一一年核災前都未出現大規模的抗議運動。有學者解釋，這是因為他們目睹了自己衷心信仰的理念在實踐中與期待完全相反的悲慘結果。

讀來讓人唏噓不已，它展示了大日本帝國的殖民統治對朝鮮半島的嚴重壓迫，就是這種剝削讓當地女性被迫與敵方士兵結成「同伴關係」。然而，這本書受到了強烈抗議，其支持者也備受責難。

這本書還收錄了茶園敏美女士研究「潘潘」[8]的文章〈名為性的接觸區：從日本占領的經驗談起〉。在日本，對潘潘的研究一直是學術界的禁忌。占領期是人們不願回憶的過去，潘潘更是無法浮出檯面的汙點，當事人的證詞少之又少，連使用潘潘這個詞都會遭到審查限制。而當戰後出生的女性學者以此為題，揭示日本女性在戰敗和占領時期權力壓倒性不對稱的情況下，如何利用她們僅有的資源——性，採取多樣化的生存策略。在女性沒有參政權的時代，她們被捲入男人自行發動的戰爭，又被迫置身於災禍和占領的荒謬局勢。女性大可爭辯說「依附打了勝仗的男人有什麼不對」，但在吃了敗仗的男性眼中，她們就是屈辱的象徵。茶園女士的研究動機就是幫助被戰後史記憶排除在外的「潘潘」恢復名譽，同時為有類似經歷、但終究沒有站出來的廣大日本女性製造發聲的機會。我們敬佩她們頑強的生存策略，但沒有理由、也不必為戰敗和占領的結構強制性脫罪。

我們希望能尋求複合式的方法，在結構及主體間的夾縫之中，尊重既不能還原為結構、也不能還原為主體的能動性，同時不為結構性的暴力開脫[9]。遺憾的是，我們似乎還遠遠尚未克服這道難題。我一直想在信中談談慰安婦的問題，卻遲遲沒有找到合適的機會，總算在最後一回如願以償了。這是因為妳關注的性暴力被害者與慰安婦的立場，在結構上屬於同一類型。

比如，妳在信中寫道：「儘管我打從心底認為，遭性侵的被害者不應該感到內疚，也不該受到自己或他人的責備，但我仍然希望那些尚未成為被害者的人能知道該如何不被性侵。這不是在追究被害者的責任，只是希望大家能在這個滿地都是壞男人（當然還有壞女人）的社會平安地活下去。然而，我要如何傳達這一點，又不讓已經受到傷害的人陷入自責呢？」

「是妳自己跑去那種地方的，活該！」「都怪妳毫無防備，隨隨便便跟著別人

8　二戰後為駐日美軍基地提供性服務的日本女性。潘潘是模仿深夜慰安所的敲門聲，也有說法認為是來自美軍召妓時的拍手聲。
9　請參考上野千鶴子〈序章：戰爭與性暴力比較史的視角〉，《戰爭與性暴力的比較史研究》。

走！」……性暴力被害者時常遭受到這種指責。還有一些女性為了將傷害降到最低而迎合加害者，並為此自責不已。這就是自我負責原則，也許妳們這一代人被過度灌輸了這種觀念。然而，無論妳穿什麼衣服、在幾點去了哪些地方、有多麼天真無知，毋庸置疑的，做錯的是加害者，被害者沒有任何責任。

自由主義的自我負責原則有一個前提：個人在完全知情的情況下，是可以自由進行自我決定的主體。但這不過是個毫無根據的幻想。承認自己是結構性暴力的被害者絕非潰敗（不過是直視現實，沒有自欺欺人罷了），若妳基於主體的選擇，調度身邊的所有資源（無論資源多麼有限），想辦法生存下去，那就已經值得嘉許。

專門研究性騷擾和家暴的心理諮詢師信田小夜子，在最近的著作《家庭和國家的共謀》（暫譯）中寫道：「承認傷害並非屈服，而是抵抗。」那不是軟弱的表現，是堅忍的證明。

＊

不過話說回來，肯定也會有男性讀者看到我們的書信——但說不定他們一看到我們的名字就直接忽略過去了（笑）。妳在信裡寫道：「在我和同齡人心中，對男性的信任好似風中殘燭，已然消失殆盡，而我想把這次連載轉為一個契機，促使大家思考如何重拾這種信任。」我很想知道，他們看到這段話會做何感想。

每次和身邊的男性談起色狼和性犯罪，他們的反應都是「我和他們不一樣」、「我從來沒做過這種事」，但他們之間卻不乏經常享受風俗服務的人，妻子被出入風俗店的丈夫傳染了性病也很常見。戰爭期間去「慰安所」的士兵，其實都是普通的日本男性。也有些富有想像力的男性會想，自己如果置身於同樣情況，說不定也會做出同樣的選擇。

我沒有遭受過家庭暴力，也沒有虐待過孩子（因為我沒有把自己置於那種情況下），但我可以理解、同理那些曾身陷其中的女性。援助慰安婦的女性運動之所以不斷擴大，正是因為那些不用成為慰安婦的女性產生了共鳴而隱隱作痛，覺得遭遇不公對待的也可能是自己。一九九一年初次看到慰安婦的報導時，我也感受到了切身之痛。女性運動讓那些不是直接被害者的女性也參與其中，以解決女性面臨的困境。因為我們深刻感覺到，其他女性過去的經歷或許就是自己的未來。

但是，為什麼要由作為受害一方的女性出面解決性暴力的問題呢？我百思不得其解。男人的問題難道不該由男人自己來解決嗎？是色狼逼得女性不再信任男性，那廣大的男性為什麼不將怒火轉向色狼？為何男性不主動發起打擊色狼的運動，卻把女性的指控看成誹謗，堅持為色狼伸冤？最有資格對性騷擾者感到憤怒的，就是不會性騷擾的男人，但他們為什麼要反過來包庇那些敗類，而不是痛罵他們？出入風俗店的男人為什麼不引以為恥？……男人可真是難懂。

也許答案顯而易見——男人就是這樣——但真是如此嗎？如果「男人就是這樣」，那他們應該要有「說不定我也會……」的同理心。若擁有這樣的理解，他們應該更願意面對男人造成的危害。女性運動一直建立在這種同理心的基礎上，如果沒有與女性運動相匹敵的男性運動，原因可能只有兩個。一是男性沒有意識到自身的危害性，二就是他們能從中受益。如果問題繞了一大圈，又回到了「男人就是這樣」上，那麼正如妳所說，「對男性的信任」就會像風中殘燭般消失殆盡。

不過，每一代人接受「男人就是這樣」的方式卻存在著一定的差異。我母親那一代將「男人就是這樣」視為不可動搖的前提，在那樣的大環境下，她們的生存策略是一味隱忍，「給男人面子，好好侍奉他們就行了」，並把這種「女性的智慧」傳授給自己的女兒。而她們的女兒，也就是我這代人看著父母的背影長大，心想「這也太荒唐了」，而拚命反抗卻不斷碰壁，最後遍體鱗傷。妳們這一代相當於我們的女兒，或許妳們認識到了這道牆有多厚，以侮蔑男人為代價，學會了如何以更狡猾、更輕鬆的方式活下去。「明事理才是占便宜」大概也是妳們的選擇之一。再下一代的年輕女性出生於少子化的時代，在父母的呵護下長大成人，堅信女人在各方面都不比男人遜色，所以發出了無比正當又合理的呼聲：「我無法忍受這種不平等的對待！」「無法原諒！」

我從不認為妳所描述的那一代「比我年輕、比過去的我更積極主動擁抱變革、有自我犧牲精神、不斷汲取嶄新價值觀的女性」是在「自我犧牲」。恰恰相反，我認為日本史無前例地湧現了一大群將自身利益放在第一順位的女性。長久以來，所謂日本女人的「女性特質」，是一種丈夫和孩子優先於自身利益的美德（即使在今日，「母性」也一再要求母親自我犧牲，卻沒有人要求父親這麼做）。當然無論男女，人人都是利己主義者，但女人一直被置於「只能透過男人追求自身利益」的結構下，所以她們的生存策略若不是勾引男人，就是利用男人。迦納女性找乾爹，也是這種生存策略的展現。

置身於這種結構之下，女性當然會最大限度利用所擁有的資源以維持生存條件，又怎麼能責怪她們呢？我甚至覺得，那些嚷嚷「想當家庭主婦」的女孩也不是在開倒車，而是出於自身利益做出了選擇。把這個選擇用白話文解釋就是，她們一點都不想要全心全意相夫教子的人生，只是在利用社會性別的術語粉飾「我想要遠離競爭的社會，過上舒適生活」這個（男人無法選擇）的可能性罷了。如今的女性不必依賴男性，也可以追求自身利益。她們不必期望男人說出「我想給妳幸福」、「我會守護妳一輩子」之類的話，而可以抬頭挺胸地說：「我的幸福要自己爭取！」

出現這樣一大群「厚著臉皮」以自身利益為優先的女孩是我所樂見的。人類都是天生的利己主義者，男人打從一開始就把自己的利益放在第一位，最看重自己，理應無關性別。大人比小孩重要——這麼簡單的道理，根本不需要太宰治明說[10]，但以前這話只有男人才能說，女人不行。不過，現在女人也能說出口了。

更別提孩子站在自己的角度，也會說「我比父母重要」。孩子沒有必要犧牲自己來照顧父母。如果不喜歡父母，完全可以轉頭離開。在採訪照護問題的過程中，我對此深有感觸。再扯遠一點，其實活著就是孤獨地面對自身的利己主義。只有建立起與彼此的自我對等的糾葛，男女之間才能有真正的戀愛吧。

＊

最後，說幾句心裡話吧。

妳從小在父母的關愛中長大，對很多事情都不在乎，大膽而叛逆，有那麼一點點

10　太宰治的短篇小說《櫻桃》反駁了「大人要以孩子為重」的說教。

小心機，但也有「良知」，懂得把握分寸，能在失控前剎車。妳仍未走出被汙名化的過去（不知道的人可能就當那些是年少輕狂時的冒險而已），是一位智慧和表達能力過人的作家……這便是我眼中的妳。雖說妳帶著汙名，但「前AV女優」這頂帽子還有多大的重量呢？人生道路還很漫長呢。基於過去的經歷給自己一些「功課」固然重要，但並不完全是因為那些經歷才塑造出今日的妳，一如性暴力的被害者也不是只靠著那些傷痛過活。更何況世人沒有心思記住他人過往的所有細節，只要妳腳踏實地，用心寫每一篇文章，讀者便會想：「哇，她居然拍過AV！難怪這麼理解性工作者」，或者「難怪對男人這麼苛薄」。

「妳現在是誰」，比「妳過去是誰」更為重要。去做妳真正想做的事吧，別為了眼前微小利益迎合媒體（尤其是父權媒體）的需求，或扮演某種角色。到了四十歲左右，人生的太陽便會漸漸西斜，屆時妳會深刻感受到生命何其有限。記得為人生中重要的事情排好優先順序，千萬別本末倒置。

在這一年裡，我總忍不住用鄰居阿姨的口吻和妳說話。尤其在得知妳小小年紀就失去了母親之後。妳肯定嫌我太嘮叨，煩死人了（笑）。妳對母親又愛又恨，但妳應該也從她那裡得到了許多東西。想必妳的智慧就是在與母親的智慧對抗之中得到了磨練，而且像她那樣將自己的智慧和情感全部傾注在女兒身上的母親也是難得一見。我曾說慶幸自己擁有一位「愚蠢的母親」，但那其實是反話。聰慧的母親能看透女兒的心思，將女兒逼入絕境，藉此磨練她的自我。一個成年人傾盡一生與妳正面對決，這也是無比珍貴的禮物。

我沒有生孩子的原因之一，在於無法選擇孩子的性別。萬一生了個女兒……我無法抑制這種恐懼。女兒會識破母親的弱點，成為她最強烈的批判者。青少年時期的我一定是個非常不討母親喜歡的女兒。如果身邊也有一個那樣的女兒……光是想像這一幕，我都要兩腿發軟。我逃避了與母親的對決，但為了接納她的人生，也為了肯定自己，我也許不應該迴避的。

經過長達一年的通信，我對妳的興趣越來越深厚了。未來一定會繼續關注妳所做的事和妳選擇的人生道路。

我在四十多歲的時候失去了母親，只能捧著堆積在我們之間的課題，沒完沒了地喃喃自語。與母親在一起的時光戛然而止，讓我深陷於懊悔的情緒之中。母親離開了一段時間後，某天半夜，我打了通電話給一位女性友人，感慨萬千地說：「原來逝者也是會成長的啊……」當然，改變的是我，不是逝者，在我內心與亡母的對話慢慢有了變化。原諒和被寬恕的感覺漸漸將我填滿。逝去的母親永遠都是那個模樣，但我與她的關係會改變。相信妳至今也仍然與母親持續對話著。

高橋和子[11]女士是另一位對令尊有著巨大影響的女性，我對她也很感興趣。令尊至今住在高橋女士位於鎌倉的故居，真希望有朝一日能與妳一起登門拜訪。

期盼疫情平息的那一天。

於疫情之下的第二個春天

上野千鶴子

11　小說家。鈴木涼美的父親鈴木晶是她的弟子。在高橋生前，鈴木晶一家都住在她位於鎌倉的家中。

【代後記】

上野千鶴子老師：

重新回顧這一年的往來信件，再次深深感覺到，這次的機會促使我深入思考擱置已久的種種課題，同時也意識到自從母親去世，我便失去了可以大膽傾訴包括羞愧、痛苦在內等自身問題的對象。直到今天，我對自己、女性和社會的看法仍然搖擺不定，而您的來信，每一次都結合自身經歷、歷史與當前話題，將問題清清楚楚地攤在我面前。請允許我再次致以誠摯的謝意。多虧您的指引，讓我拓展出許多以往不可能擁有的視角，而有時也不得不接受自己不願承認、但或許正如您所說的那一面。

在第一封信中我曾坦言，從高中直至現在，我一直強烈地抗拒「站在被害者角度發聲」。和「妳真可憐」、「妳需要被拯救」這種目光相比，「真不像話」、「這樣不好吧」之類的評語，我根本不放在心上。我盡可能地嘲笑降臨在自己身上的傷害和不幸，把這些視為運氣不佳。即便男人看我的眼神裡有輕視和羞辱也一笑置之，告訴自己那不算什麼。一直以來我堅信，若要避免傷害和走投無路、充分享受人生，這樣的態度必不可少。從某種意義上來說，被您指為褻瀆的「反正男人無藥可救」這個想法，是我將男人帶來的傷害轉換為無害，也是我迴避作為被害者活下去的必要條件。

在與您通信的過程中，讓我反思最多的，便是自己就算真正受到傷害也絕不肯承認的態度。這樣的態度，使我總是告訴自己男人不值得當真、不需要為之憤怒。我不得不承認，正是因此，導致我失去改革的想法，也缺乏對他人的尊重。

正如在書信中所回顧的，這些年我堅持打腫臉充胖子，是為了盡可能不因「身為女人」而受傷，並在此基礎上活下去。我之所以抗拒被害者視角的另一個原因是，經驗告訴我，女人受傷的模樣會成為男人的消費對象。從原味店到援助交際，再到AV女優這樣的性工作者，我自然而然地認知到，男人就是喜歡看女人哭哭啼啼。

當女高中生的性問題成為熱門話題時，我覺得大人們所說的「妳們不知道這是在傷害自己」、「以後就知道痛了」只是在強加傷害，令人不舒服，同時也隱隱感覺到，也許我們受傷的樣子才是這些大人所樂見的。事實上，在我拍片的那段時間，那些以悲劇色彩描繪AV女優成長經歷與現狀的文章和漫畫也相當暢銷。說得更具體些，在AV女優的出道作或轉型作中，有時會穿插紀錄片形式的訪談，此時導演就會指示演員釋放情緒，適時掉幾滴眼淚，甚至有導演直接表明：「觀眾就是看著妳的淚水打手槍的。」我不僅拍過片，也寫過關於AV產業的論文，所以比一般人更瞭解AV女優在紀實作品和雜誌報導中，被描繪成怎樣的形象。

正如您在信中所寫，我的各種經歷讓我「學會了輕視男人」，並拒絕以受傷的模樣取悅礙眼的大人。我也不想被煽情的語句描寫成一個受傷的女孩。在酒店和風俗業工作的女人，起初只是出於男人「愛聽這種話」、「喜歡這樣的舉止」、「這樣的動作好像能讓他們感到舒服」等單純的目的，學習取悅男人的方法。漸漸地，她們理解到男人眼中自己的姿態，並發現些許不幸與淚水，能提升自己的魅力。與此同時，女人也可能反過來利用這份領悟，看不起因此被取悅的男人，或只在工作中裝出受傷的模樣，心裡卻想著：休想讓我受傷。

心理學家岸田秀在《性的唯幻論序說（修訂版）》（暫譯）一書中，引用了小說家松浦理英子發表在《朝日週刊》上的文章〈『性侵是對女性最大的侮辱』這句話，哪怕撕爛我的嘴，哪怕性侵我到陰道撕裂，我也絕不會說〉，並表示：「侮辱女性是性侵者興奮的條件，我們應該予以根除。」我覺得他的論述與我的態度有共通之處，因為研究了取悅男人的方法，讓我輕視男人，並且不想再取悅他們。在同輩女性身上，我也或多或少發現了這種心態。儘管它某種程度上是我學到的處世之道，但我還是意識到這種心態稍有不慎，便會對他人或自己造成二度傷害，因此在通信過程中反覆質疑自己。

直到今天，當我想到男人的時候，還是會下意識聯想到AV的場景設定和男人的興奮點，忍不住懷疑他們是否值得我認真以待。不過，從「認識到自己的態度有問題」到「改變長久以來的生活方式」，還有一定的距離。在自己可以實踐的範圍之內，一方面保有幸福，同時正視自己的傷痛，並質疑造成傷痛的結構本身……正如我在上一封信中的感嘆，這之間的平衡非常難以掌握。相信在今後的人生路上，我依然會帶著幾分打腫臉充胖子的性情，應對習慣「笑著面對降臨在身上的不幸」的那個自己。

不過，這一年的通信也確確實實改變了我，您的每一封信，彷彿都在我的活法上打了一個問號。無論是與高高在上的對象或血肉相連的至親對話，幾乎都無法消解我堅定的執念，但與您的對話不同，這不僅是一種刺激，更堪稱無上的幸福。

我也想藉此機會，感謝幻冬舍的竹村優子女士創造這樣一個幸福的契機。同時也感謝小木田順子女士一直以來對我的寫作事業加以支持。

「妳現在是誰」比「妳過去是誰」更為重要——說是溫柔，您最後送給我的話語更似利刃，無比嚴厲地刺入我的背脊。我會努力改變精明但遲鈍的自己，鼓起勇氣，超越自身性情的限制，展現自我。

2021年5月27日

鈴木涼美

鈴木涼美女士：

一年真是一眨眼就過去了。

起初我心中也有些忐忑，幸好十二次、二十四封的通信往返順利完成。這是一場沒有地圖的航行，每一回合都讓人滿懷期待，好奇接下來會發生什麼。

我對沒做過的事情向來興致盎然，尤其喜歡和其他人合作。合作對象都是我感興趣的人，除了認識對方、感到驚奇，也會透過合作引導出前所未見的自己，因此目瞪口呆……在這次通信中，我也嘗到了這種滋味。

這次的合作對象，是年齡差距宛若母女的妳，逼得我不得不回想自己在妳這個年紀時的種種。相對地，妳一定也無法想像自己在抵達我這個年紀之前，會走過怎樣的歲月吧。

在重讀這些信件時，我發現第一次和最後一次通信，啣接成了完美的圓。又或者說，也許我們只是在同一個圓裡打轉，若用社會學用語來總結，大概就是如何突破「結構與主體」這一困境。在人生的尾聲，我有幸得到妳這位難能可貴的收信人，也再次認識到自己在多大程度上被歷史所定義。人無論活到什麼年紀，都能有新的發現呢。想像五、六十歲的妳會是什麼模樣，也是樂事一樁。只可惜那時我恐怕已經不在這個世界了。

使這些發現成為可能的，正是寫信這種慢如蝸牛的對話形式。而且，我們的每一封信都寫得很長，蘊含的訊息量遠超過字數上限為一百四十字的推特貼文。本書背後的策劃者是幻冬舍的編輯竹村優子女士，雖然封面上寫著妳我合著，但她絕對稱得上是第三位作者。每次寫好信件寄出後，她都會印證自身經歷，給出深刻的評語。不難想像，她一定也是這樣回應了妳。編輯是每一封信的第一位讀者，知道自己想要表達的東西完完全全被讀者接收到了，對作者來說是莫大的鼓勵，而她的評語總是一針見血，堪稱「編輯的楷模」。聽說校對老師也很期待每期的內容，還收到讀者感嘆道「看得我大氣都不敢出」……真的由衷感謝大家。另外，日文版的書籍裝幀由鈴木成一先生負責，我們的緣分可以追溯到我年輕時出版的《裙底下的劇場》。

我相信，每位女性讀者都能在這本書裡找到深刻共鳴。那麼男性讀者呢？妳在最後一封信裡說道，妳們這一代女性「對男性的信任好似風中殘燭」，在之前的信裡，妳也反覆問我「如何能對男人不感到絕望」。

在本書裡，我們來回探討了「何謂男人」。有女人因為疫情被迫進入性產業，其中也有女人因為感染的風險瀕臨失業。這個行業中存在著一種不對稱，出售性的女人暴露在好奇的視線之下，購買性的男人卻從不被質疑。男人動不動就想占女人的便宜，色狼、偷拍、兒童色情製品、性虐待、援交、外送茶、找乾爹、射精產業……購買性的男人構建起了性交易市場，並且讓買春成了男人的「原廠設定」。面對此情此景，廣大男性就沒有一點意見嗎？

《男人們！》是編輯部擬定的備選書名之一。據說副標題是「男人是可以信任的嗎」，然後書腰文案是：「性工作的代價，是喪失對男人的信任。謹以此書獻給即便如此也不放棄爭取平等、堅持鬥爭的女人與男人。」好像還有個備選書名叫《不再當被害者與加害者：寫給衝破結構和主體困境的女人》……不過，最後仍是選了現在的書名。我不怎麼奢望男性讀者拿起這本書，卻很想聽聽他們的感想。

我們總是行走在時代的邊界上，難以展望未來。誰能在幾年前預料到新冠疫情的爆發呢？又有誰能預測到強行舉辦奧運的後果呢？歷史並不總是直線前進，進一步、退兩步，也不無可能。妳十有八九能活得比我久（可千萬別走在我前頭呀，這種事得按順序來），妳會看到多少我無緣得見的景象呢？……儘管我不相信陰間的存在，卻想回到陽世，瞧上幾眼。

要是可以每隔幾年，與妳探討各自的衰老與成長就太好了。在那之前，請妳務必珍重。

寫於5月晴天

上野千鶴子

參考書目

Letter 1　情色資本

・鈴木涼美，《想變成可愛、狡猾又壞心眼的妹妹》（可愛くってずるくっていじわるな妹になりたい），講談社，二〇二〇。

・鈴木涼美，《AV女優的社會學》（「AV女優」の社会学），青土社，二〇一三。

・上野千鶴子，《戰爭與性暴力的比較史研究》（戦争と性暴力の比較史へ向けて），岩波書店，二〇一八。

・雨宮麻美，《彆扭女子》（女子をこじらせて），幻冬舍文庫，文庫本，二〇一五。

・鈴木大介，《里奈的故事》（里奈の物語），文藝春秋，二〇一九。

・小笠原祐子，《OL的反抗》（OLたちの〈レジスタンス〉），中央公論社，一九九八。

Letter 3　戀愛與性

・鈴木涼美，《賣身的話就完了》（身体を売ったらサヨウナラ），幻冬舍，二〇一四。
・清田隆之，《永別了，我們》（さよなら、俺たち），STAND! BOOKS，二〇二〇。
・伊藤比呂美，《巫女與審判神》（のろとさにわ），平凡社，一九九一。
・吉本隆明，《共同幻想論》（共同幻想論），河出書房新社，一九六八。
・島尾敏雄，《死之棘》（死の棘），新潮文庫，一九八一。

Letter 4　婚姻

・鈴木涼美，《非．絕種男女圖鑑》（非・絶滅男女図鑑），集英社，二〇二〇。
・鈴木涼美，《擁有一切不等於幸福》（すべてを手に入れたってしあわせなわけじゃない），MAGAZINE HOUSE，二〇一九。
・上野千鶴子，《近代家庭的形成和終結》，商務印書館，二〇〇四（簡體）。

Letter 5　認可欲求

・酒井順子，《敗犬的遠吠》，麥田出版，二〇〇六。

・埃里希・佛洛姆，《愛的藝術》，木馬文化，二〇二一。
・上野千鶴子，《厭女》，聯合文學，二〇一五。
・小川彩香，《重慶大廈的老闆都知道》（チョンキンマンションのボスは知っている），春秋社，二〇一九。
・喬凡娜・弗蘭卡・德拉・科斯塔，《愛的勞動》（Giovanna Franca Dalla Costa, *the Work of Love*），Autonomedia，二〇〇八。

Letter 6　能力

・瓊・史密斯，《厭女症》（Joan Smith, *Misogynies*），Faber and Faber，一九九三。
・太田啟子，《致未來的男孩》（これからの男の子たちへ），大月書店，二〇二〇。
・品田知美，《母與子的日本論》（「母と息子」の日本論），亞紀書房，二〇二〇。
・大平光代，《所以，你也要活下去！》，圓神出版，二〇〇一。
・上野千鶴子、樋口惠子，《終於看見了自己》（人生のやめどき），國際文化出版公司，二〇二三（簡體）。
·森瑤子，《情事》（情事），集英社文庫，一九八二。
·富岡多惠子，《芻狗》（芻狗），講談社，一九八〇。
·夏目漱石，《三四郎》，麥田出版，二〇一六。

Letter 7　工作

·乙武洋匡，《車輪上》（車輪の上），講談社，二〇一八。
·村上龍，《新工作大未來》，時報出版，二〇一三。
·上野千鶴子，《性感女孩大研究》（セクシィ・ギャルの大研究），岩波現代文庫，二〇〇九。
·上野千鶴子，《身為女人的快樂》（女という快楽），勁草書房，二〇〇九。
·上野千鶴子，《裙底下的劇場》，聯合文學，二〇一七。
·上野千鶴子，《女人遊戲》（女遊び），學陽書房，一九八八。

・上野千鶴子、出口治明《你的公司與工作方式讓你感到幸福嗎？》（あなたの会社、その働き方は幸せですか？），祥傳社，二〇二〇。

Letter 8　獨立

・澀谷智子，《未成年照護者：我的故事》（ヤングケアラー　わたしの語り），生活書院，二〇二〇。

Letter 9　團結

・澀谷智子，《未成年照護者：承擔照護工作的子女與年輕人的現實》（ヤングケアラー　介護を担う子ども・若者の現実），中公新書，二〇一八。
・手塚真輝，《歌舞伎町放浪記》，PCuSER電腦人文化，二〇二二。
・村上龍，《寄物櫃的嬰孩》，大田出版，二〇二一。
・小池真理子，《月夜林中的貓頭鷹》（月夜の森の梟），朝日新聞出版，二〇二一。

Letter 10　女性主義

・納迪娜・斯特羅森，《為色情辯護》（Nadine Strossen, *Defending Pornography*），NYU Press，二〇〇〇。
・長島有里枝，《從我輩的「女子拍照」到我們的「女孩攝影」》（「僕ら」の「女の子写真」から わたしたちのガーリーフォトへ），大福書林，二〇二〇。
・上野千鶴子，《新女性主義評論》（ニュー・フェミニズム・レビュー），學陽書房，一九九〇－一九九五。
・笠原美智子，《性別攝影論：一九九一－二〇一七》（ジェンダー写真論 1991-2017），里山社，二〇一八。
・羅珊・蓋伊，《不良女性主義的告白》，木馬文化，二〇一七。
・奇瑪曼達・恩格茲・阿迪契，《我們都應該是女性主義者》，木馬文化，二〇二二。
・宮台真司，《制服少女的選擇》（制服少女たちの選択），講談社，一九九四。

Letter 11　自由

・川端康成，《雪國》，大牌出版，二〇二三。

- 川端康成，《睡美人》，大牌出版，二〇二三。
- 上野千鶴子、富岡多惠子女士、小倉千加子，《男流文學論》（男流文学論），筑摩書房，一九九二。
- 三島由紀夫，《假面的告白》，大牌出版，二〇二一。
- 上野千鶴子、佐藤學、內田樹，《學術自由危在旦夕》（学問の自由が危ない），晶文社，二〇二一。

Letter 12　男人

- 朴裕河，《帝國的慰安婦》（帝国の慰安婦），朝日新聞出版，二〇一四。
- 信田小夜子，《家庭和國家的共謀》（家族と国家は共謀する），角川，二〇二一。
- 岸田秀，《性的唯幻論序說（修訂版）》（性的唯幻論序説　改訂版），文春文庫，二〇〇八。

＊本書由《小說幻冬》二〇二〇年七月號～二〇二一年六月號之連載「往復書簡 限界から始まる」修訂擴寫而成。

始於極限

跨越社會習以為常的「邊界」，當代女性如何活出想要的人生

往復書簡 限界から始まる

作　　者　上野千鶴子、鈴木涼美
責任編輯　許芳菁 Carolyn Hsu
　　　　　李雅蓁 Maki Lee
責任行銷　朱韻淑 Vina Ju
封面裝幀　Dinner Illustration
版面構成　譚思敏 Emma Tan
校　　對　葉怡慧 Carol Yeh

發 行 人　林隆奮 Frank Lin
社　　長　蘇國林 Green Su

總 編 輯　葉怡慧 Carol Yeh
日文主編　許世璇 Kylie Hsu
行銷主任　朱韻淑 Vina Ju
業務處長　吳宗庭 Tim Wu
業務主任　蘇倍生 Benson Su
業務專員　鍾依娟 Irina Chung
業務秘書　陳曉琪 Angel Chen
　　　　　莊皓雯 Gia Chuang

發行公司　悅知文化　精誠資訊股份有限公司
地　　址　105台北市松山區復興北路99號12樓
專　　線　(02) 2719-8811
傳　　真　(02) 2719-7980
網　　址　http：//www.delightpress.com.tw
客服信箱　cs@delightpress.com.tw
ＩＳＢＮ　978-626-7288-74-0
建議售價　新台幣４２０元
首版一刷　２０２３年09月

國家圖書館出版品預行編目資料

始於極限：跨越社會習以為常的「邊界」，當代女性如何活出想要的人生/上野千鶴子、鈴木涼美著；曹逸冰譯. -- 一版. -- 臺北市：悅知文化精誠資訊股份有限公司,2023.09
400面；14.8×21公分
譯自：往復書簡：限界から始まる
ISBN 978-626-7288-74-0 (平裝)
1.CST: 女性 2.CST: 女性主義 3.CST: 女性心理學
544.5　　112013857

建議分類｜人文社科